Horst Schneider
Fahrzeuge in der Landwirtschaft

D1664193

Horst Schneider

Fahrzeuge in der Landwirtschaft

Ratschläge zur Sicherheit vom TÜV

CIP-Titelaufnahme der Deutschen Bibliothek

Schneider, Horst:
Fahrzeuge in der Landwirtschaft: Ratschläge zur Sicherheit
vom TÜV / Horst Schneider. – München; Wien; Zürich:
BLV, 1989
  ISBN 3-405-14006-4

Bildnachweis

Grafiken: Kartographie Huber

Fotos: K. Bögl 12 – 14, 22, 23, 57, 75 – 77
J. Meyer 4, 46, 52, 58
F. Wittmann 62, 63
alle übrigen Abbildungen stammen vom Autor

Herausgegeben mit Unterstützung
des Bildungswerkes des BBV

BLV Verlagsgesellschaft mbH
München Wien Zürich
8000 München 40

© 1989 BLV Verlagsgesellschaft mbH.

Satzherstellung: satz & grafik gmbh, Planegg
Druck und Bindung: Pustet, Regensburg
Printed in Germany · ISBN 3-405-14006-4

Inhaltsverzeichnis

Zum Geleit

Liebe Berufskollegen,

Tag für Tag müssen wir von folgenschweren Unglücksfällen im Straßenverkehr Kenntnis nehmen. Die jährlichen Unfallbilanzen sind immer wieder erschütternd.

Nicht selten sind landwirtschaftliche Fahrzeuge an Unfallschäden beteiligt, dabei bleibt es nicht immer nur bei Sachschäden. Deshalb mein Appell an Sie: Helfen Sie mit, die Unfallflut auf unseren Straßen einzudämmen. Helfen Sie mit, indem Sie durch umsichtiges und verantwortungsbewußtes Handeln beim täglichen Umgang mit Fahrzeugen und Geräten jegliches Risiko vermeiden.

Ordnungsgemäße Beleuchtungsanlagen, gut funktionierende Bremsen und Absicherungsmaßnahmen haben ihren Sinn und Zweck und sind Mindestvoraussetzung für sicheres Fahren. Kennen der Verkehrsvorschriften und Bescheidwissen um Gefahrenquellen bewahren Sie vor Leid, Ärger und finanziellen Verlusten.

Der TÜV Bayern, die Landesverkehrswacht Bayern und das Bildungswerk des Bayerischen Bauernverbandes haben sich zusammengetan, um mit Informationsveranstaltungen und dieser Informationsbroschüre

dem Landwirt bei der täglichen Betriebnahme landwirtschaftlicher Fahrzeuge Hilfestellung zu geben.

Lieber Berufskollege, bitte bedenken Sie, es geht auch um Ihre Sicherheit und somit um Ihre Gesundheit.

Ich hoffe, daß Sie aus dieser Informationsschrift viele wertvolle Hinweise und Tips entnehmen und wünsche Ihnen stets gute Fahrt.

Herzlichst
Ihr

GUSTAV SÜHLER

Grußwort

Jährliche Rekordzahlen bei Kfz-Neuzulassungen und eine zunehmende Verkehrsdichte, beides sind Zeichen unseres wirtschaftlichen Fortschritts. Die Kehrseite dieser Medaille sind Verkehrsstaus und Unfälle. Auch die Landwirtschaft wird von der Mobilität erfaßt. Landwirtschaftliche Erzeugnisse legen heute weite Strecken vom Bauern bis zum Verbraucher zurück. Und nicht selten sind Landwirtschaftsfahrzeuge und -geräte in Verkehrsunfälle verwickelt. „Verkehrssicherheit" ist längst nicht mehr allein ein Anliegen des TÜV und der Verkehrswacht. Die bayerischen Sparkassen unterstützen seit vielen Jahren Aktionen, wie „Sicher zur Schule – Sicher nach Hause" oder „Sicher auf Bayerns Straßen", um nur einige zu nennen.

Gemeinsam mit der LBS, dem Bayerischen Bauernverband, dem TÜV und der Landesverkehrswacht wollen die Sparkassen nun mit dieser Broschüre ihren Beitrag zur Verkehrssicherheit für Bäuerinnen und Bauern leisten.

Die Landwirte sind wichtige Kunden für die Sparkassen. Etwa 6 % des Kreditvolumens der bayerischen Sparkassen stammen aus dem Agrarsektor. Als Partner sind die bayerischen Sparkassen Garant für die ausreichende Versorgung der Landwirte mit Finanzdienstleistungen – auch in Randregionen.

Wir wünschen dieser Aktion viel Erfolg.

Ihre bayerischen Sparkassen

FRANZ NEUBAUER
Staatsminister a. D.
Geschäftsführender Präsident des
Bayerischen Sparkassen- und Giroverbandes

Zum Geleit

Der Teufelskreis aus Straßenverkehr, Verkehrsteilnehmern und Toten sowie Verletzten gehört anscheinend zur Modernität unseres Lebens.

Und dennoch sollte dieses Geschehen nicht hingenommen werden. Persönlichkeiten und Institutionen gehen gegen diese Automatik an, unermüdlich und mit Engagement. Deshalb ist es hoch zu schätzen, wenn auch in der Landwirtschaft dazu beigetragen wird, die Verkehrssicherheit auf den Straßen zu erhöhen, das Bewußtsein des einzelnen Verkehrsteilnehmers zu stärken. Der Bayerische Bauernverband, die Landesverkehrswacht Bayern und der TÜV bieten Bauern und Bäuerinnen in Informationsveranstaltungen die Möglichkeit, das Thema Sicherheit des Fahrzeugs im Straßenverkehr zu überdenken und das eigene Verkehrsverhalten zu überprüfen.

Die LBS Bayerische Landes-Bausparkasse hilft gerne dabei mit. Wir sehen das als eine konsequente Fortführung unserer erfolgreichen Aktivitäten zur Erhöhung der Verkehrssicherheit. Seit vielen Jahren sind wir Aktionspartner der Landesverkehrswacht Bayern in dem Programm „Könner durch Erfahrung", mit dem junge Führerscheinneulinge mit eigenem Gefährt an einem freiwilligen Fahrfertigkeitstraining ihre Fahrtüchtigkeit verbessern können. Das geschieht gemeinsam mit den bayerischen Sparkassen. Beide, LBS und Sparkassen, beweisen sich nun auch bei den Informationsveranstaltungen für die Landwirte als Verbundpartner.

Ihre
LBS Bayerische Landesbausparkasse

Gerhard Dittler

Vorwort

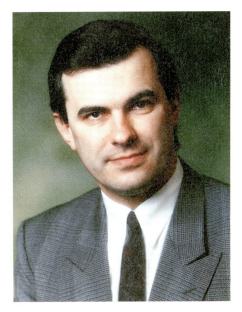

Seit 1987 führen der Bayerische Bauernverband, die Landesverkehrswacht Bayern und der TÜV Bayern landesweite Fortbildungsveranstaltungen unter dem Motto „Sicherer landwirtschaftlicher Straßenverkehr" durch. Die drei Organisationen wollen damit einen Beitrag leisten, die Unfallzahlen mit landwirtschaftlichen Fahrzeugen zu senken.

Ganz bestimmte Ursachen führen immer wieder zu Unfällen, nämlich Mißachtung der Vorfahrt und Fehler beim Abbiegen. Sie decken sich auch mit den Hauptmängeln bei Traktoren: Fehlerhafte Beleuchtung, Mängel an der Bremse und den Fahrzeugaufbauten sind die häufigsten Beanstandungen bei den Traktorenprüfungen des TÜV.

Hier gilt es, gezielt zu helfen, und zwar nicht durch theoretische Vorschläge, sondern durch praktische Tips und Hinweise, die sich leicht und meist ohne allzu hohe Kosten realiseren lassen. Die lebhaften Diskussionen mit den Teilnehmern zeigen, daß die Veranstaltungen auf fruchtbaren Boden fallen.

Aus den Erkenntnissen der Seminare ist das vorliegende Buch entstanden. Es soll, dargestellt an praktischen Beispielen, die wichtigsten sicherheitsrelevanten Vorschriften für den Landwirt erläutern und Möglichkeiten aufzeigen, wie man typische Gefahrenquellen erkennt und beseitigt.

Besonderer Dank gilt meinen Kollegen, Herrn Dipl.-Ing. KARL BÖGL und Herrn Dipl.-Ing. JOHANN MEYER sowie Herrn FRANZ WITTMANN vom Bayerischen Landwirtschaftlichen Wochenblatt für die Unterstützung bei der Bildbeschaffung. Ebenfalls zu großem Dank verpflichtet bin ich Herrn REINHARD NEUDORFER, dem Bildungsreferenten des Bayerischen Bauernverbandes und Herrn UDO KIENZLE von der Landesverkehrswacht Bayern für Ihre tatkräftige Hilfe bei der Erstellung des Buches.

Ich hoffe, daß dieses Buch einen Beitrag leisten kann zu mehr Sicherheit für alle Beteiligten im Umgang mit landwirtschaftlichen Fahrzeugen.

H. Schneider

Dipl.-Ing. HORST SCHNEIDER
TÜV Bayern

1 Allgemeine Hinweise zum Straßenverkehrsrecht

1.1 Fahrzeuge ohne Zulassung – Ausnahmen von der Zulassungspflicht für die Landwirtschaft

Mit Kraftfahrzeugen und Anhängern darf man öffentliche Straßen nur benutzen, wenn sie zum Verkehr zugelassen sind. »Öffentlich« ist jeder Bereich, der der Allgemeinheit zur Benutzung offensteht: Also beispielsweise auch Wege in einem Park, die Ladestraße eines Güterbahnhofes, die Zufahrt zum landwirtschaftlichen Anwesen oder der Forstweg, der als Wanderweg benutzt wird.

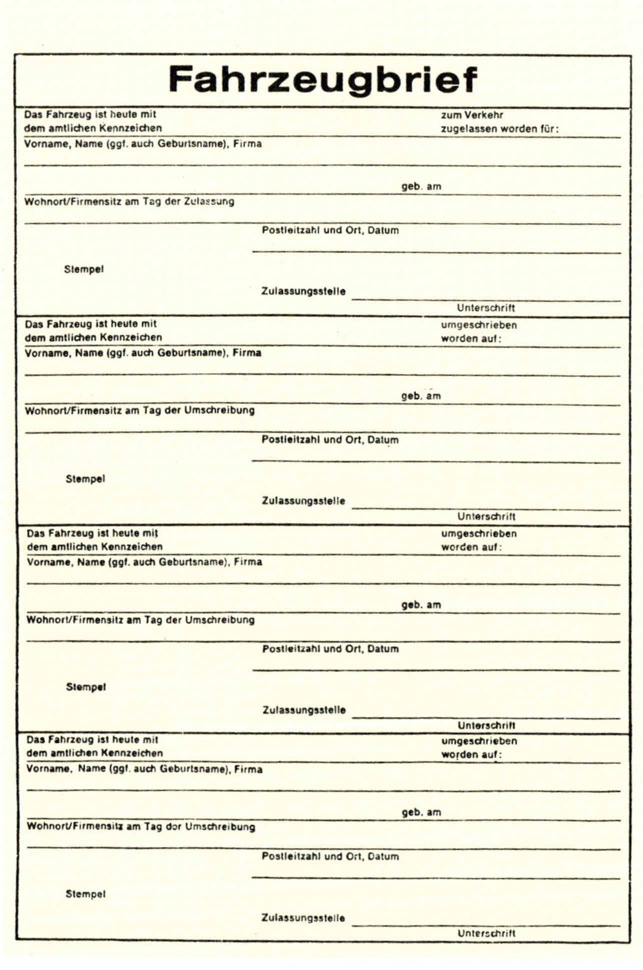

Fahrzeugbrief

Das Fahrzeug ist heute mit dem amtlichen Kennzeichen	zum Verkehr zugelassen worden für:
Vorname, Name (ggf. auch Geburtsname), Firma	
	geb. am
Wohnort/Firmensitz am Tag der Zulassung	
	Postleitzahl und Ort, Datum
Stempel	
	Zulassungsstelle
	Unterschrift
Das Fahrzeug ist heute mit dem amtlichen Kennzeichen	umgeschrieben worden auf:
Vorname, Name (ggf. auch Geburtsname), Firma	
	geb. am
Wohnort/Firmensitz am Tag der Umschreibung	
	Postleitzahl und Ort, Datum
Stempel	
	Zulassungsstelle
	Unterschrift
Das Fahrzeug ist heute mit dem amtlichen Kennzeichen	umgeschrieben worden auf:
Vorname, Name (ggf. auch Geburtsname), Firma	
	geb. am
Wohnort/Firmensitz am Tag der Umschreibung	
	Postleitzahl und Ort, Datum
Stempel	
	Zulassungsstelle
	Unterschrift
Das Fahrzeug ist heute mit dem amtlichen Kennzeichen	umgeschrieben worden auf:
Vorname, Name (ggf. auch Geburtsname), Firma	
	geb. am
Wohnort/Firmensitz am Tag der Umschreibung	
	Postleitzahl und Ort, Datum
Stempel	
	Zulassungsstelle
	Unterschrift

Abb. 1
Muster eines Fahrzeugbriefes, wie er beispielsweise für Pkw und Lkw, aber auch für Traktoren vorgeschrieben ist.

Für die **Zulassung** bedarf es zweierlei, nämlich

● der Erteilung einer *Betriebserlaubnis* und
● der Zuteilung eines *amtlichen Kennzeichens*.

Die meisten Hersteller haben für ihre Fahrzeuge eine sog. »Allgemeine Betriebserlaubnis«. Dabei bekommt der Käufer einen bereits fertig ausgefüllten Fahrzeugbrief (bzw. bei bestimmten Fahrzeugarten einen Betriebserlaubnisvordruck) ausgehändigt und braucht sich somit um eine besondere technische Begutachtung des Fahrzeuges keine Sorgen mehr zu machen. In allen anderen Fällen wird eine sog. »Einzelbegutachtung« beim TÜV notwendig, die aber im Regelfall der Hersteller oder Lieferant für seinen Kunden abwickelt. Sobald dann die für den Wohnort zuständige Verwaltungsbehörde (Zulassungsstelle beim Landratsamt oder bei einer kreisfreien Stadt) ein Kennzeichen zugeteilt hat, ist das Zulassungsverfahren abgeschlossen und das Fahrzeug kann am Straßenverkehr teilnehmen.

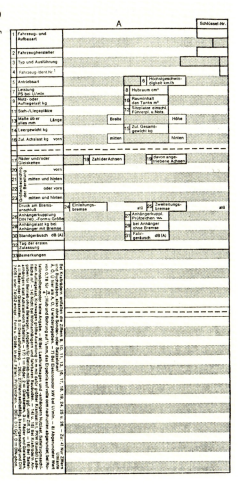

Abb. 2   Land- und forstwirtschaftliche Arbeitsgeräte mit einem zulässigen Gesamtgewicht von höchstens 3 t benötigen weder eine Zulassung noch eine Betriebserlaubnis.

Diese generelle Vorschrift gilt für alle Kraftfahrzeuge und Anhänger, also auch in der Landwirtschaft. Der Gesetzgeber hat jedoch in bestimmten Fällen **Erleichterungen** und **Sonderregelungen** geschaffen.

So wurden Kraftfahrzeuge, die von ihrer Bauart her nicht schneller als 6 km/h fahren können und deren Anhänger von diesen Vorschriften ausgenommen. Sie sind nicht zulassungspflichtig, benötigen also weder eine *Betriebserlaubnis* noch ein *amtliches Kennzeichen*. Allerdings muß auf der linken Seite des Fahrzeuges Vorname, Zuname und Wohnort des Besitzers in unverwischbarer Schrift deutlich angegeben sein, wenn man sich damit auf die Straße wagt.

Ebenfalls keine *Betriebserlaubnis* benötigen land- und forstwirtschaftliche Arbeitsgeräte, die ein zulässiges Gesamtgewicht von höchstens 3 t haben. Gleiches gilt für einachsige Zug- und Arbeitsmaschinen, die von Fußgängern an Holmen mitgeführt werden.

Natürlich müssen auch diese Fahrzeuge verkehrssicher sein und den Vorschriften der StVZO (Straßenverkehrs-Zulassungs-Ordnung) entsprechen. Da keine Begutachtung durch den TÜV vorgenommen wurde, trifft den Landwirt, der für den Zustand seiner Fahrzeuge verantwortlich ist, hier natürlich eine besondere Sorgfaltspflicht. In Zweifelsfällen sollte man sich deshalb nicht scheuen, die nächste TÜV-Prüfstelle aufzusuchen; dort bekommt man kostenlos fachkundigen Rat in allen Zweifelsfragen.

Von den Vorschriften über das Zulassungsverfahren befreit sind weiterhin Anhänger in land- und forstwirtschaftlichen Betrieben, wenn sie bestimmte Bedingungen erfüllen, nämlich:

▶ Ausschließlich für land- und forstwirtschaftliche Zwecke verwendet werden, und

▶ hinter Zugmaschinen (beziehungsweise selbstfahrenden Arbeitsmaschinen) mitgeführt werden, die bauartbestimmt nicht schneller als 25 km/h fahren können, oder

▶ bei schnelleren Zugmaschinen an der Rückseite ein 25 km/h-Schild haben und mit höchstens 25 km/h gefahren werden.

Allerdings benötigen diese Anhänger eine *Betriebserlaubnis*. Dazu muß der ausgefüllte Vordruck, den man in der Regel vom Händler beim Kauf erhält, bei der Zulassungsstelle abgestempelt werden.

Der gleiche Sachverhalt (Ausnahme vom Zulassungsverfahren, aber Betriebserlaubnispflicht) gilt auch für

▶ land- und forstwirtschaftliche Arbeitsgeräte mit mehr als 3 t zulässigem Gesamtgewicht,

▶ Sitzkarren hinter einachsigen land- und forstwirtschaftlichen Zugmaschinen bzw. Arbeitsmaschinen,

▶ Anhängern, die als Arbeitsmaschinen eingestuft sind und

▶ Gerätewagen in Lohndreschbetrieben, wenn sie für betriebliche Zwecke verwendet und mit höchstens 25 km/h hinter Zug- oder Arbeitsmaschinen mitgeführt werden.

Sie alle müssen an der Rückseite ein *Kennzeichen* führen, das dem Halter der Zugmaschine für eines seiner Kraftfahrzeuge (nicht Anhänger) zugeteilt wurde. Dieses sog. *Wiederholungskennzeichen* braucht keine Zulassungsplakette und auch keine Prüfplakette. Bei 2 Anhängern kann man sich Doppelarbeit sparen, es genügt ein Kennzeichen am letzten Hänger.

Eine der grundlegenden Voraussetzungen für die Zulassungsfreiheit ist die **Zugehörigkeit** des Anhängers zu einem land-oder forstwirtschaftlichen Betrieb. Unter den Begriff »land- oder forstwirtschaftlicher Betrieb« fallen Tätigkeiten für die Gewinnung pflanzlicher und tierischer Rohstoffe durch Pflanzenanbau und ihre Verwertung ebenso wie die Auf- und Abforstung von Wald zur Holzgewinnung. Dazu zählen beispielsweise auch

● Hopfen-, Spargel- und andere Sonderkulturen,
● Weinbaubetriebe,
● gärtnerische Betriebe, allerdings keine Handelsgärtnereien,
● Fischzuchtbetriebe,
● Binnenfischereibetriebe oder
● Tierzuchtbetriebe, wie Viehmästereien, Abmelkställe und Geflügelfarmen.

Auch Nebenbetriebe können die Erleichterungen in Anspruch nehmen, wenn sie ausschließlich für den land- oder forstwirtschaftlichen Hauptbetrieb arbeiten, so etwa

● Brennereien,
● Brauereien,
● Mühlen oder
● Sägewerke.

Allerdings darf es sich dabei nicht um selbständige Gewerbebetriebe handeln. Vielmehr müssen die dort gewonnenen Erzeugnisse ausschließlich oder überwiegend im landwirtschaftlichen Hauptbetrieb verwendet werden, der Nebenbetrieb darf nur eine untergeordnete Rolle spielen.

In gewerblichen Betrieben eingesetzte Anhänger fallen selbst beim Einsatz für landwirtschaftliche Arbeiten nicht unter die Zulassungsbefreiung.

Beförderungen im Rahmen der Nachbarschaftshilfe können dagegen mit zulassungsfreien Anhängern durchgeführt werden. Die Nachbarschaftshilfe darf allerdings nicht zum Gewerbe werden.

Neben der Zugehörigkeit zum landwirtschaftlichen Betrieb muß der Anhänger für **land- und forstwirtschaftliche Zwecke** eingesetzt werden, um von der Zulassung befreit zu sein. Dies trifft in der Regel für die Verwendung des Fahrzeuges bei typisch landwirtschaftlichen Arbeiten zu, etwa beim Pflügen, Dreschen, Mähen usw. Es kann sich dabei jedoch auch um Tätigkeiten handeln, die ebensogut in einem nicht landwirtschaftlichen Betrieb vorkommen können, wie zum Beispiel die Beförderung von Bedarfsgütern für den Hof.

Als weitere Bedingung gilt der **Einsatz** hinter Zugmaschinen oder selbstfahrenden

Abb. 3 Selbstfahrende Arbeitsmaschinen, wie etwa dieser Mähdrescher, und deren Anhänger sind ebenfalls von der Zulassungspflicht ausgenommen, müssen aber eine Betriebserlaubnis haben.

Arbeitsmaschinen. Kuppelt man also den landwirtschaftlichen Anhänger an einen Lkw, so wird er damit zulassungspflichtig. Neben Anhängern und Arbeitsgeräten genießen auch bestimmte Kraftfahrzeuge eine zulassungsrechtliche Sonderbehandlung, beispielsweise einachsige Zugmaschinen, wenn sie für land- oder forstwirtschaftliche Zwecke verwendet werden, oder sog. »selbstfahrende Arbeitsmaschinen«. Unter letzteren versteht man Fahrzeuge, die nur zur Arbeitsleistung, nicht aber zum Personen- oder Gütertransport geeignet und bestimmt sind. Für den Landwirt kommen als Vertreter dieser Gattung hauptsächlich Mähdrescher in Frage, es zählen dazu aber auch selbstfahrende

▶ Spritzen zur Schädlingsbekämpfung in der Land- und Forstwirtschaft,
▶ Obstpressen,
▶ Saatgutreinigungsmaschinen,
▶ Melkmaschinen,

▶ Stroh- und Heupressen,
▶ Maschinen, die ausschließlich für land-und forstwirtschaftliche Arbeiten bestimmt sind oder
▶ Kraftfahrzeuge mit fest eingebautem Aggregat und Gebläse zur Druckentleerung von Silos.

Sie benötigen keine Zulassung, müssen aber eine *Betriebserlaubnis* haben. Gehen diese Fahrzeuge schneller als 20 km/h, so sind vorne und hinten eigene amtliche Kennzeichen erforderlich. Bei unter 20 km/h muß links Vorname, Zuname und Wohnort des Besitzers in unverwischbarer Schrift deutlich angegeben sein.

1.2 Alle zwei Jahre wieder: Treff beim TÜV

Jeder weiß es aus eigener Erfahrung: Nach einer bestimmten Zeit müssen die meisten

14

Abb. 4 Geschafft für die nächsten 2 Jahre! Die Prüfplakette des TÜV weist nach, daß der Traktor zum Zeitpunkt der Prüfung vorschriftsmäßig ist.

Fahrzeuge und Anhänger zum sog. »TÜV«. Damit ist die regelmäßig wiederkehrende **Hauptuntersuchung** nach § 29 StVZO gemeint.

Verantwortlich für diese Untersuchung ist der **Halter.** Er muß sein Fahrzeug in dem Monat und Jahr, das auf der Prüfplakette angegeben ist, zur Hauptuntersuchung anmelden, sich also einen Termin für die Prüfung geben lassen. Der Gesetzgeber nimmt es hier sehr genau: Man ist dieser Pflicht erst dann nachgekommen, wenn einem der Ort und die Zeit der Untersuchung bekanntgegeben wurde. Natürlich ist es mit der Anmeldung allein nicht getan; das Fahrzeug muß auch zum vereinbarten Zeitpunkt vorgefahren werden.

Immer wieder ist die Rede vom erlaubten *Überziehen* der Plakette. Hier die Fakten: Das Fahrzeug ist im Plakettenmonat zur Hauptuntersuchung anzumelden, die Prüfplakette wird aber erst mit Ablauf von 2 Monaten nach dem angegebenen Monat ungültig. Meldet man sich in dem Monat auf der Plakette zur TÜV-Prüfung an und gibt es dann erst im nächsten oder übernächsten Monat einen Termin, so braucht man sich keine Sorgen zu machen. Eine solche Überziehung ist erlaubt.

Anders sieht es jedoch aus, wenn man sich nicht rechtzeitig anmeldet oder die Plakette schon vor mehr als 2 Monaten abgelaufen ist. Das kann teuer zu stehen kommen; bei einer Fristüberschreitung von 3 und 4 Monaten droht ein Verwarnungsgeld von 30,– DM, bei 5–8 Monaten wird eine Geldbuße bis 50,– DM und bei mehr als 12 Monaten eine von immerhin schon 100,– DM fällig, neben 2 Flensburg-Punkten, wohlgemerkt. Ein Anruf bei der nächsten TÜV-Stelle, die in der Regel innerhalb von 2–3 Tagen Prüftermine anbietet, kommt da natürlich viel billiger.

Manchmal geht es bei der TÜV-Untersuchung nicht ganz glatt, der Sachverständige stellt Mängel fest und muß eine **Nachprü-**

fung verlangen. Hier heißt es dann, umgehend zu reparieren und nochmals den TÜV aufzusuchen. Höchstens 2 Monate Zeit hat man dazu. Für allzu Säumige, die erst danach wieder den Weg zur Prüfstelle finden, hat der Gesetzgeber eine weitere Hürde aufgebaut. Der TÜV-Sachverständige darf dann nicht mehr nur eine Nachprüfung der Mängel vornehmen, sondern muß eine komplette neue Hauptuntersuchung machen. Diese 2-Monats-Frist ab der ersten Hauptuntersuchung gilt natürlich auch dann, wenn dazwischen mehrere Nachkontrollen erforderlich sind. Bekommt das Fahrzeug nicht innerhalb der 2 Monate die Plakette, so bleibt einem ein kompletter neuer Check nicht erspart.

Selbstverständlich muß in allen diesen Fällen am Nummernschild immer noch eine gültige Prüfplakette kleben. Deshalb tut jeder Autofahrer gut daran, seinen fahrbaren Untersatz rechtzeitig vorzufahren; falls größere Reparaturen notwendig sind, kommt er dann nämlich nicht in Zeitdruck.

Mangel ist natürlich nicht gleich Mangel. Der gesprungene Rückstrahler wirkt sich weniger gefährlich aus als eine funktionslose Bremse. Deshalb kennt man auch verschiedene **Kategorien von Beanstandungen.** So gibt es beispielsweise »*leichte Mängel*«, bei denen der TÜV in der Regel trotzdem die Plakette zuteilt und auf die Nachprüfung verzichtet. An der Reparatur kommt man dennoch nicht vorbei; in diesem Fall ist der Halter für die unverzügliche Beseitigung der Mängel, die auf dem Untersuchungsbericht stehen, verantwortlich.

Neben den »*leichten Mängeln*« gibt es die Gruppe der »*erheblichen Mängel*«, die zu einer Verkehrsgefährdung führen können und eine Nachprüfung der Reparatur beim TÜV erforderlich machen. Steht es ganz besonders schlimm mit dem fahrbaren Untersatz, dann kommt der Sachverständige um die Einstufung »*verkehrsunsicher*« und die Entfernung der Prüfplakette nicht herum. In diesem Fall darf das Fahrzeug solange nicht mehr benutzt werden, bis die Schäden behoben sind.

Vor allem für Gebrauchtwagenkäufer ist es wichtig, zu wissen, daß die Plakette allein noch keine Mängelfreiheit garantiert. Wer sichergehen will, sollte auf alle Fälle zusätzlich den Untersuchungsbericht verlangen. Hier findet man neben den bereits genannten »leichten Mängeln« auch nicht selten zusätzliche Hinweise des TÜV auf beginnende Schäden oder größere Reparaturen. Sie beeinträchtigen zwar zum Zeitpunkt der Untersuchung noch nicht die Verkehrssicherheit des Fahrzeuges und führen deshalb noch zu keiner Beanstandung, sind aber für einen Käufer von Interesse.

Die Hauptuntersuchung umfaßt nur eine Prüfung auf Vorschriftsmäßigkeit. Bestimmte Aggregate, die die Verkehrssicherheit nicht direkt beeinflussen, wie Motor, Getriebe oder auch die Kupplung, bleiben beim TÜV unberücksichtigt. Im wesentlichen sind es folgende **Baugruppen,** denen der Sachverständige seine besondere Aufmerksamkeit schenkt:

▶ Ausrüstung,
▶ Beleuchtung,
▶ Lenkung,
▶ Bremse,
▶ Räder und Reifen,
▶ Fahrgestell und Aufbau,
▶ Feuersicherheit sowie
▶ Abgasverhalten und Geräusche.

Natürlich fällt nicht jedes motorisierte Fortbewegungsmittel unter die Prüfpflicht. Der Gesetzgeber hat hier klare Abgrenzungen getroffen; entscheidend ist, ob das Fahrzeug ein eigenes amtliches Kennzeichen haben muß oder nicht. Nachdem

▶ Anhänger in land- oder forstwirtschaftlichen Betrieben bis 25 km/h,
▶ land- oder forstwirtschaftliche Arbeitsgeräte,
▶ Anhänger-Arbeitsmaschinen und
▶ Anhänger zur Beförderung von Sportgeräten oder Tieren für Sportzwecke

von der Kennzeichenpflicht befreit sind, müssen sie auch nicht regelmäßig zum TÜV.

Abb. 5 Links sieht man die Plaketten am vorderen, rechts am hinteren Kennzeichen. Sechseckig ist die sog. ASU-Plakette, die runde blaue Plakette gibt den nächsten Hauptuntersuchungstermin an. Anmeldezeitpunkt in beiden Fällen: Juni 1990.

Etwas komplizierter wird es bei selbstfahrenden Arbeitsmaschinen (beispielsweise Mähdreschern) und einachsigen Zugmaschinen in der Land- und Forstwirtschaft. Für sie sind eigene Kennzeichen dann vorgeschrieben, wenn sie schneller als 20 km/h fahren können. Somit kommen diese Schnelläufer auch um die TÜV-Prüfung nicht herum.

Sind die **Fristen** beim Pkw noch allgemein bekannt (beim Neufahrzeug zunächst 3 Jahre und dann alle 2 Jahre), so gelten bei den meisten anderen Fahrzeugarten unterschiedliche Zeitabstände je nach Gewichtsklasse. Bei schwereren Brummern wird darüber hinaus nicht nur die amtliche Hauptuntersuchung, sondern auch eine sog. Zwischenuntersuchung und eine Bremsensonderuntersuchung fällig.

Die **Zwischenuntersuchung** umfaßt alle für die Verkehrssicherheit wichtigen Teile und Einrichtungen sowie die Geräuschentwicklung und das Abgasverhalten. Die **Bremsensonderuntersuchung** schließ-

lich nimmt sich die Bremse auf Herz und Nieren vor und beinhaltet

- eine Sichtprüfung,
- eine Wirkungs- und Funktionskontrolle sowie
- die Zerlegung und innere Untersuchung der Bremse, unter Umständen auch der einzelnen Bauteile.

Damit alles korrekt zugeht, dürfen nur besonders anerkannte Werkstätten und Betriebe diese Prüfungen vornehmen.

Über die Fristen gibt die Tabelle 1 Auskunft, wobei zum Zeitpunkt der Hauptuntersuchung die Bremsensonderuntersuchung höchstens 3 Monate zurückliegen darf. Wann die nächste Hauptuntersuchung fällig ist, erkennt man am einfachsten an der Plakette, und zwar an der Jahreszahl in der Mitte und dem oben als Zahl angegebenen Monat. Außerdem ist dieser Zeitpunkt auch noch im Fahrzeugschein beziehungsweise im Abdruck der Betriebserlaubnis vermerkt.

17

Tabelle 1

Zeitabstände für Hauptuntersuchung, Zwischenuntersuchung und Bremsensonderuntersuchung

	Haupt- unter- suchung Monate	Zwischen- unter- suchung Monate	Bremsen- sonder- untersuchung Monate
Lastkraftwagen mit zulässigem Gesamtgewicht			
– bis 2,8 t	24	–	
– über 2,8 und bis 6 t	12	–	
– über 6 und bis 9 t	12	–	12
– über 9 t	12	6	12
Zugmaschinen			
– Höchstgeschwindigkeit bis 40 km/h	24	–	–
– über 40 km/h und zulässiges Gesamt- gewicht bis 6 t	12	–	–
– über 40 km/h und zulässiges Gesamt- gewicht über 6 t	12	6	12
selbstfahrende Arbeitsmaschinen (Mähdrescher)			
– zulässiges Gesamtgewicht bis 2,8 t	24	–	–
– zulässiges Gesamtgewicht über 2,8 und bis 6 t	12	–	–
– zulässiges Gesamtgewicht über 6 t	12	–	12
Anhänger mit zulässigem Gesamtgewicht			
– bis 2 t und alle Wohnanhänger	24	–	–
– über 2 t und bis 6 t	12	–	–
– über 6 t und bis 9 t	12	–	12
– über 9 t	12	6	12

Tips für die TÜV-Prüfung:
Zum Schluß noch ein paar Tips, wie man sich selbst Ärger bei der Hauptuntersuchung ersparen und dem TÜV-Sachverständigen die Arbeit erleichtern kann:

► Funktionieren Hupe, Scheibenwischer und alle Leuchten sowie die Warnblinkanlage?
► Stimmt die Größe der Reifen mit den Angaben im Fahrzeugschein oder der Betriebserlaubnis überein, sind die Reifen nicht beschädigt und haben sie noch genügend Profil?
► Ist die Fahrgestellnummer noch lesbar?
► Hat die Lenkung nicht zuviel Spiel?
► Funktionieren die Bremsen ausreichend?
► Ist das Warndreieck, ein Verbandskasten (außer bei Zugmaschinen, für die er nicht vorgeschrieben ist) und gegebenenfalls eine Warnleuchte (bei Lkw über 2,8 t zulässiges Gesamtgewicht) an Bord?

1.3 Steuerfrei – aber an Auflagen gebunden

Kraftfahrzeuge und Anhänger zum Verkehr auf öffentlichen Straßen unterliegen grundsätzlich der **Kraftfahrzeugsteuer.** Bestimmte Gruppen sind jedoch davon befreit, wie etwa

a) Fahrzeuge, die von den Vorschriften über das Zulassungsverfahren ausgenommen wurden, sowie
b) Zugmaschinen, Sonderfahrzeuge, Anhänger hinter Zugmaschinen und sonstige einachsige Anhänger, solange sie ausschließlich

Ab. 6   Zugmaschinen und ihre Anhänger sind steuerbefreit, wenn sie in land- oder forstwirtschaftlichen Betrieben verwendet werden.

- in land- oder forstwirtschaftlichen Betrieben,
- zu Beförderungen für solche Betriebe, die im Betrieb beginnen oder enden,
- zur Durchführung von Lohnarbeiten für land- und forstwirtschaftliche Betriebe oder
- zum Transport von Milch, Magermilch, Molke oder Rahm

verwendet werden.

Somit entfällt die Steuerpflicht nach Buchstabe a) für zulassungsbefreite Anhänger in land- oder forstwirtschaftlichen Betrieben, wenn sie nur für deren *Zwecke* Verwendung finden und mit einer *Geschwindigkeit* von höchstens 25 km/h hinter Zugmaschinen oder selbstfahrenden Arbeitsmaschinen mitgeführt werden. Kann die Zugmaschine schneller als 25 km/h fahren, so muß in diesem Fall der Anhänger mit einem Geschwindigkeitsschild 25 km/h gekenn-

zeichnet sein. Will man dagegen mit einer entsprechend ausgestatteten Zugmaschine flotter vorwärts kommen, so bleibt auch dann der Anhänger steuerbefreit; er ist allerdings zulassungspflichtig, benötigt ein eigenes amtliches Kennzeichen und muß in bestimmten Abständen zum TÜV.

Ob die Anhänger nun im eigenen oder in einem fremden land- oder forstwirtschaftlichen Betrieb verwendet werden, bleibt für die Zulassungs- beziehungsweise Steuerfreiheit ohne Belang; wesentlich ist, daß damit nur land- oder forstwirtschaftliche Güter befördert werden. Solche Fahrzeuge kann man deshalb auch einem anderen Landwirt für dessen Betrieb überlassen. Der Verleih darf jedoch nicht gewerblich, sondern nur im Rahmen der Nachbarschaftshilfe geschehen.

Als typische Beispiele, in denen die **Steuerbefreiung** für landwirtschaftliche Anhänger *nicht* mehr gilt, sind zu nennen:

▶ Der zwei- oder mehrachsige landwirtschaftliche Anhänger wird von einem Lastkraftwagen gezogen. Bei einer solchen Kombination unterliegt der Hänger selbst dann der Steuerpflicht und muß zugelassen sein, wenn man nicht schneller als 25 km/h fährt. In solchen Fällen also lieber den Lkw durch eine Zugmaschine ersetzen.

▶ Mit dem landwirtschaftlichen Anhänger werden Güter aus einem sonstigen Betrieb (beispielsweise einer Gärtnerei, einem Sägewerk oder einer Gastwirtschaft) befördert, der dem Landwirt zwar gehört, den er aber gewerblich betreibt und der somit nicht mehr als landwirtschaftlicher Nebenbetrieb angesehen werden kann.

▶ Mit seiner Zugmaschine und einem landwirtschaftlichen Anhänger befördert ein Landwirt Getreide für einen anderen Bauern zur eigenen Mühle, die er gewerblich betreibt. Anschließend bringt er die Erzeugnisse aus der Mühle (Mehl, Futtermittel) wieder zu diesem Landwirt zurück. Auch hier handelt es sich nicht mehr um einen Einsatz im landwirtschaftlichen Betrieb.

In diesen Fällen würde der Anhänger auf öffentlichen Straßen ohne die erforderliche Zulassung benutzt werden, was eine Ordnungswidrigkeit darstellt, die nach dem in Bayern geltenden Verwarnungs- und Bußgeldkatalog mit einer Geldbuße von 100 DM und 3 Punkten im Verkehrszentralregister geahndet wird. Außerdem unterliegt der Anhänger sowie im letzten Fall auch die Zugmaschine dann der Kraftfahrzeugsteuer; deren steuerfreie Verwendung ist ebenfalls eine Ordnungswidrigkeit im Sinne einer leichtfertigen Steuerverkürzung. Jeder Wegfall einer Voraussetzung für Steuervergünstigungen muß nämlich dem Finanzamt unverzüglich angezeigt werden.

Die *Steuerpflicht* beginnt bei der erstmaligen zweckfremden Verwendung des Fahrzeuges und dauert so lange, wie es zu anderen als den unter Buchstaben a) und b) genannten Zwecken benutzt wird. Selbst dann, wenn das Fahrzeug nur ein einziges Mal zweckfremd im Einsatz ist, muß die Steuer für einen ganzen Monat bezahlt werden.

Der Gesetzgeber hat nicht zugestanden, den Einsatz eines bestimmten Fahrzeuges für steuerfreie und für sonstige Zwecke aufzuteilen. Die Steuerbefreiung erlischt also auch dann vollständig, wenn beispielsweise ein Anhänger nur für bestimmte einzelne Tage außerhalb eines landwirtschaftlichen Betriebes benutzt wird.

Steuerschuldner ist die Person, auf die das Fahrzeug zugelassen ist. Bei widerrechtlicher Benutzung etwa einer steuerbefreiten Zugmaschine für andere Zwecke trifft jedoch den Fahrer die Steuerschuld.

Die Kraftfahrzeugsteuer ist grundsätzlich für ein Jahr im Voraus zu entrichten. Bei mehr als 1000 DM kann man sich auch für eine halbjährliche Bezahlung (mit einem Zuschlag von 3%) und bei über 2000 DM für einen vierteljährlichen Turnus (mit einem Zuschlag von 6%) entscheiden. Bei einer Änderung des Steuerzeitraumes heißt es aufzupassen; der Antrag muß vor oder spätestens mit der Steuerfälligkeit gestellt werden, und zwar beim zuständigen Finanzamt.

Die Kraftfahrzeugsteuer bemißt sich bei Motorrädern und Pkw nach dem *Hubraum*. Sie beträgt

▶ bei Motorrädern 3,60 DM/25 cm³ Hubraum,

▶ bei schadstoffarmen Pkw 13,20 DM/100 cm³ Hubraum und

▶ bei Pkw, die nicht schadstoffarm sind, 18,80 DM (bei Erstzulassung bis zum 31.12.1985) beziehungsweise 21,60 DM (bei einer Erstzulassung nach diesem Zeitpunkt) je 100 cm³ Hubraum.

Für alle sonstigen Kraftfahrzeuge mit Hubkolbenmotor und Anhänger wird die Steuer nach dem zulässigen Gesamtgewicht und der Achszahl ermittelt. Die derzeit gültigen Beträge können der folgenden Tabelle 2 entnommen werden.

Tabelle 2

Bemessung der Kfz-Steuer nach dem zulässigen Gesamtgewicht

die Jahressteuer beträgt	je 200 kg Gesamtgewicht oder einen Teil davon	
für alle anderen Fahrzeuge mit ...	nicht mehr als zwei Achsen DM	mehr als zwei Achsen DM
von dem Gesamtgewicht		
bis zu 2000 kg	22,--	22,--
über 2000 kg bis zu 3000 kg	23,50	23,50
über 3000 kg bis zu 4000 kg	25,--	25,--
über 4000 kg bis zu 5000 kg	26,50	26,50
über 5000 kg bis zu 6000 kg	28,--	28,--
über 6000 kg bis zu 7000 kg	29,50	29,50
über 7000 kg bis zu 8000 kg	32,--	31,--
über 8000 kg bis zu 9000 kg	34,50	33,--
über 9000 kg bis zu 10000 kg	37,50	34,50
über 10000 kg bis zu 11000 kg	40,50	36,50
über 11000 kg bis zu 12000 kg	44,50	39,50
über 12000 kg bis zu 13000 kg	49,--	42,50
über 13000 kg bis zu 14000 kg	54,--	46,--
über 14000 kg bis zu 15000 kg	89,--	66,--
über 15000 kg bis zu 16000 kg	124,--	86,--
über 16000 kg bis zu 17000 kg	130,--	90,--
über 17000 kg bis zu 18000 kg	136,--	94,--
über 18000 kg bis zu 19000 kg	142,--	98,-
über 19000 kg bis zu 20000 kg	148,--	102,--
über 20000 kg bis zu 21000 kg	154,--	106,--
über 21000 kg bis zu 22000 kg	160,--	110,--
über 22000 kg	166,--	114,--

insgesamt jedoch nicht mehr als 11 000 DM

1.4 Rechtzeitig um Versicherungsschutz kümmern

Kraftfahrzeuge und Anhänger dürfen auf öffentlichen Straßen nur benutzt werden, wenn der *Halter* eine **Haftpflichtversicherung** abgeschlossen hat. Dadurch sind alle die Ersatzansprüche abgedeckt, die auf den Halter, den Eigentümer, aber auch auf den Fahrer durch Personen-, Sach- oder Vermögensschäden beim Betrieb des Fahrzeuges zukommen können. Mitversichert sind darüber hinaus auch die Beifahrer des Fahrzeuges, falls sie im Rahmen eines Arbeitsverhältnisses zum Versicherungsnehmer

oder zum Fahrzeughalter den Fahrer begleiten, und zwar zur Ablösung oder für Lade- und Hilfsarbeiten. Die Versicherung umfaßt nicht nur die Abdeckung von Schäden, sondern auch eine Abwehr unbegründeter Ansprüche gegen den Versicherten und jede sonstige mitversicherte Person.

Bei einer solchen Regelung gibt es natürlich eine ganze Reihe von **Ausnahmen.** Nicht der gesetzlichen Versicherungspflicht unterliegen beispielsweise:

▶ Kraftfahrzeuge, die bauartbestimmt nicht schneller als 6 km/h fahren können,

▶ selbstfahrende Arbeitsmaschinen, wie etwa Mähdrescher, mit einer Höchstgeschwindigkeit bis zu 20 km/h,

▶ zulassungsfreie Anhänger, wie sie in der Landwirtschaft hinter Zugmaschinen bis 25 km/h üblich sind und im Abschnitt 1.1 näher beschrieben wurden.

Der *Versicherungsvertrag* muß den »Allgemeinen Versicherungsbedingungen« genügen, die von der Aufsichtsbehörde genehmigt sind. Danach deckt die Haftpflichtversicherung des ziehenden Fahrzeuges auch Schäden durch einen Anhänger ab, solange er mit dem Zugfahrzeug verbunden ist oder sich von ihm gelöst hat und sich noch in Bewegung befindet. Dies gilt auch für Fahrzeuge, die abgeschleppt oder geschleppt werden, solange für sie kein Haftpflichtversicherungsschutz besteht. Selbst wenn Zugfahrzeug und Anhänger nicht demselben Besitzer gehören, sind sowohl der Halter als auch der Eigentümer des Anhängers in den genannten Fällen automatisch über das ziehende Fahrzeug mitversichert. Die Anhängerversicherung dagegen kommt für Schäden auf, die durch den Anhänger verursacht werden, wenn er nicht mit dem Fahrzeug verbunden ist, sowie für solche, die Personen erleiden, die auf dem Anhänger mitfahren.

Für den landwirtschaftlichen Betrieb ist also wichtig, daß alle Schäden durch Anhänger hinter einer Zugmaschine grundsätzlich über die Versicherung der Zugmaschine abgedeckt sind. Dies gilt jedoch nicht für

Personen, die sich auf dem Anhänger befinden und dort zu Schaden kommen. Nach der einschlägigen Rechtssprechung liegt kein Verstoß gegen das Pflichtversicherungsgesetz vor, wenn Vorschriften für die Zulassungsbefreiung des Anhängers nicht eingehalten werden; beispielsweise ein fehlendes 25 km/h-Schild am Anhänger hinter Zugmaschinen, die schneller gehen, oder das Überschreiten der Geschwindigkeitsbeschränkung auf 25 km/h. Befinden sich jedoch Personen auf dem Anhänger und erlischt durch einen solchen Verstoß seine Zulassungsbefreiung, dann ist gleichzeitig auch das Pflichtversicherungsgesetz verletzt.

Der *Versicherungsschutz* beginnt mit der Einlösung des Versicherungsscheines durch Zahlung des Beitrages, eventuell aber auch erst zu einem vereinbarten späteren Zeitpunkt. Bei einer besonderen Zusage des Versicherers kann jedoch auch bereits vor der Beitragszahlung ein Schutz bestehen. Für die behördliche Zulassung wird beispielsweise eine Versicherungsbestätigung verlangt, die eine solche Zusage für die vorläufige Deckung enthält.

Die *Mindestversicherungssumme* beträgt bei Kraftfahrzeugen (einschließlich der mitgeführten Anhänger unter den beschriebenen Bedingungen) sowie bei Anhängern

- ▶ 1 Mio. DM für Personenschäden (bei Tötung oder Verletzung mehrerer Personen 1,5 Mio. DM)
- ▶ 400 000 DM für Sachschäden und
- ▶ 40 000 DM für Vermögensschäden.

Die vereinbarten Summen stellen in jedem einzelnen Schadenfall die Höchstgrenze für die Leistungen des Versicherers dar. Mehrere zeitlich zusammenhängende Schäden, die auf derselben Ursache beruhen, gelten als ein Schadenereignis. Wichtig ist zu wissen, daß der Versicherer die Kosten eines Rechtsstreites im Zusammenhang mit Schadensersatzforderungen trägt. Deshalb darf der Versicherer auch entsprechende Erklärungen für die versicherten Personen abgeben und die Führung des Prozesses übernehmen.

Doch auch hier keine Regel ohne Ausnahme: Übersteigen die Haftpflichtansprüche die Versicherungssumme, so muß der Versicherer auch nur anteilige Prozeßkosten tragen, und zwar im Verhältnis der Versicherungssumme zur Gesamthöhe der Ansprüche. Wegen der enormen Kosten, die auch auf den Landwirt nach Unfällen beispielsweise unter Beteiligung eines Omnibusses oder eines Tankwagens zukommen können, sind höhere Deckungssummen, als gesetzlich vorgeschrieben, nur zu empfehlen. Ebenfalls sollte man sich überlegen, ob nicht auch für Fahrzeuge, die von der gesetzlich vorgeschriebenen Haftpflichtversicherung ausgenommen wurden, ein freiwilliger Versicherungsschutz sinnvoll ist, beispielsweise über die Betriebs-Haftpflicht.

Durch die Pflichtversicherung sind nicht abgedeckt:

- ▶ Haftpflichtansprüche, soweit sie aufgrund eines besonderen Vertrages oder einer speziellen Zusage über den Umfang der gesetzlichen Haftpflicht hinausgehen;
- ▶ Haftpflichtansprüche des Versicherungsnehmers, Halters oder Eigentümers gegen mitversicherte Personen wegen Sach- oder Vermögensschäden; Personenschäden innerhalb dieses Kreises sind dagegen durch die Kraftfahrzeug-Haftpflichtversicherung abgedeckt;
- ▶ Haftpflichtansprüche wegen Beschädigung, Zerstörung oder Diebstahl des versicherten Fahrzeuges und der mit ihm beförderten Sachen;
- ▶ Haftpflichtansprüche für reine Vermögensschäden, die auf einem bewußt gesetz- oder vorschriftswidrigem Verhalten des Versicherten beruhen.

Weiterhin muß der Versicherer keine Leistungen erbringen, wenn

- ▶ das Fahrzeug zu einem anderen als dem im Vertrag genannten Zweck verwendet

Nummer des Versicherungsscheins	**Versicherungs-bestätigung** nach § 29 a StVZO für die Zulassungsstelle Nr.	Amtliches Kennzeichen
Anschrift des Versicherungsnehmers		

Art des Fahrzeugs	Hersteller des Fahrgestells	Fahrzeug-Identifizierungsnummer
Liegt Versichererwechsel vor? ☐ ja	Versicherungssumme für Personenschäden .... DM	Beginn des Versicherungsschutzes

Für sonstige Vermerke der Zulassungsstelle

Ausgehändigt durch:

....
Anschrift und Unterschrift des Versicherers

Nummer des Versicherungsscheins	**Anzeige** an die Zulassungsstelle nach § 29 c StVZO	Amtliches Kennzeichen
	Tag der Beendigung des Versicherungsverhältnisses	
Anschrift des Versicherungsnehmers		

Art des Fahrzeugs	Hersteller des Fahrgestells	Fahrzeug-Identifizierungsnummer

Für Vermerke der Zulassungsstelle

Die Versicherungsbestätigung hat ihre Geltung verloren.

....
Anschrift und Unterschrift des Versicherers

Abb. 7 Durch die Versicherungsbestätigung (oberes Muster) wird der Zulassungsstelle gegenüber der Versicherungsschutz nachgewiesen. Eine Kündigung des Vertrages meldet die Versicherung der Zulassungsstelle mit dem unteren Vordruck.

wird, also beispielsweise eine Zugmaschine nicht nur in der Landwirtschaft, sondern auch in einem Gewerbebetrieb, der dem Landwirt gehört, zum Einsatz kommt;

▶ ein unberechtigter Fahrer das Fahrzeug benutzt;

▶ der Fahrer nicht den vorgeschriebenen Führerschein hat; die Leistungspflicht gegenüber dem Versicherten, dem Halter oder dem Eigentümer des Fahrzeuges bleibt jedoch bestehen, wenn man davon ausgehen konnte, daß der Fahrer den notwendigen Führerschein besitzt; gleiches gilt, wenn ein Unberechtigter das Fahrzeug benutzte;

▶ wenn das Fahrzeug zu behördlich nicht genehmigten Rennveranstaltungen und den dazugehörigen Trainingsfahrten verwendet wird.

Zieht man das Fahrzeug vorübergehend aus dem Verkehr, so bleibt dadurch zunächst der Versicherungsvertrag unberührt. Es kann jedoch unter Vorlage der Abmeldebestätigung eine *Unterbrechung des Versicherungsschutzes* verlangt werden, wenn die Stillegung mindestens 2 Wochen dauert.

Was ist im Falle eines Falles zu tun?

Ebenfalls peinlich genau geregelt sind natürlich auch die Pflichten des Versicherten bei einem Schaden:

▶ Der Unfall ist innerhalb 1 Woche der Versicherung schriftlich mitzuteilen, außer bei kleinen Sachschäden, die der Versicherte selbst regelt.

▶ Der Versicherte muß alles zur Aufklärung des Sachverhaltes und zur Minderung des Schadens tun; insbesondere hat er Weisungen der Versicherung zu befolgen und ihr Strafbefehle, Bußgeldbescheide oder Ansprüche des Geschädigten sofort anzuzeigen.

▶ Er darf in der Regel ohne Zustimmung der Versicherung Ansprüche des Unfallgegners weder anerkennen noch abgelten.

▶ Werden diese Pflichten vorsätzlich oder grob fahrlässig verletzt, so ist der Versicherer unter bestimmten Bedingungen und innerhalb von festgelegten Grenzen von der Leistungspflicht befreit.

Die Unterbrechung und damit die Einsparung der Versicherungsprämie erfolgt aber nicht automatisch, sondern bedarf eines besonderen Antrages. Bei der erneuten Anmeldung des Fahrzeuges lebt die Versicherung uneingeschränkt wieder auf, und zwar bereits für die Fahrten zur Abstempelung des Kennzeichens. Das alles gilt wohlgemerkt nur für eine Stillegung bis zu 1 Jahr.

1.5 Fahrzeugschein immer am Mann – das Wichtigste über Fahrzeugpapiere und ihre Handhabung

Um bei Verkehrskontrollen eine Zulassung oder Betriebserlaubnis für den fahrbaren Untersatz nachweisen zu können, müssen entsprechende Unterlagen mitgeführt werden beziehungsweise verfügbar sein.

Bei zulassungspflichtigen Fahrzeugen, wie etwa Pkw oder auch landwirtschaftlichen Zugmaschinen, ist ein **Fahrzeugbrief** erforderlich. Dieser Fahrzeugbrief enthält die wichtigsten technischen Daten des Fahrzeuges sowie Name und Anschrift des Besitzers. Er dient als Eigentumsnachweis sowie als Bestätigung, daß das Fahrzeug den gesetzlichen Vorschriften entspricht. Deshalb sollte der Brief sorgfältig aufbewahrt werden, der Fahrer muß ihn nicht mit sich führen.

Eintragungen im Brief darf nur die Zulassungsstelle und in bestimmten Fällen der TÜV vornehmen. Bei einer Neuzulassung oder Halterwechsel trägt die Behörde das Kennzeichen sowie die Personalien des Halters ein. Ändern sich Daten des Briefes, so muß das der Zulassungsstelle unverzüglich mitgeteilt werden, etwa bei

● einer neuen Halteranschrift,
● einer Stillegung für mehr als 1 Jahr,
● einer Änderung des regelmäßigen Fahrzeugstandortes für mehr als 3 Monate oder
● wenn sich nach einem Umbau die Angaben ändern; beispielsweise

Abb. 8 Kein schlechtes Gewissen bei Polizeikontrollen, wenn die notwendigen Fahrzeugpapiere am Mann sind.

die Fahrzeughöhe bei größeren Bordwänden am Anhänger.
Nach bestimmten Umrüstungen, die sich auf die Verkehrssicherheit auswirken können, erlischt auch die Betriebserlaubnis, hier sind dann besondere Regeln zu beachten.

Da mit dem Besitz des Fahrzeugbriefes bestimmte Rechte und Pflichten verbunden sind, muß man den Verlust des Briefes, aber auch einen Verkauf des Fahrzeuges, bei dem der Käufer ja das Dokument erhält, umgehend der Zulassungsstelle melden. Sinnvollerweise sollte beim Verkauf die Übergabe der Papiere mit Datum und Uhrzeit schriftlich festgehalten werden.
Der **Fahrzeugschein** bestätigt, daß ein Fahrzeug zugelassen ist. Er enthält – ebenso wie der Fahrzeugbrief – die wichtigsten technischen Daten, Name und Anschrift des Halters sowie zusätzlich den Termin für die Anmeldung zur nächsten Hauptunter-

suchung beim TÜV. Bei der Neuzulassung oder Umschreibung eines zulassungspflichtigen Fahrzeuges händigt die Zulassungsstelle den Fahrzeugschein nach der Erteilung eines Kennzeichens an den Halter aus.
Im Fahrzeugschein darf ebenfalls nur die Zulassungsstelle Eintragungen vornehmen. Man muß ihn bei allen Fahrten mit sich führen. Auch beim Fahrzeugschein sollte man den Verlust oder eine Beschädigung des Papiers umgehend der Zulassungsstelle melden, um ein neues Dokument ausgestellt zu bekommen.
Eine Erleichterung gibt es, wenn auf einen Halter mehrere Anhänger zugelassen sind. Dann kann die Zulassungsstelle ein sog. *Anhängerverzeichnis* erstellen, aus dem neben Name und Anschrift des Besitzers bestimmte technische Daten, die sog. Fahrgestellnummern und die Kennzeichen aller auf ihn zugelassenen Anhänger hervorgehen. In diesem Fall braucht man nur noch

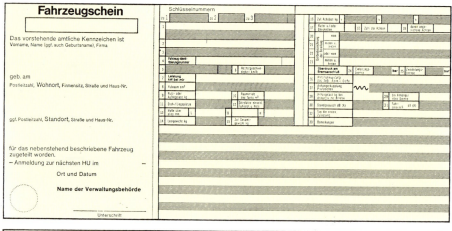

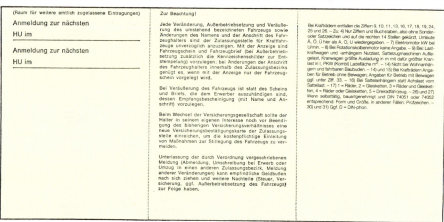

Abb. 9 Der Fahrzeugschein enthält die wichtigsten technischen Daten und bestätigt, daß das Fahrzeug zugelassen ist.

das Anhängerverzeichnis, nicht mehr jedoch den Schein des einzelnen Hängers bei sich haben.

Benutzen mehrere Personen das gleiche Fahrzeug, so wird immer wieder der Wunsch nach *zusätzlichen Fahrzeugscheinen* laut. Ein zweiter Schein kann jedoch nur in begründeten Einzelfällen ausgestellt werden, wenn es beispielsweise keine zumutbare Möglichkeit gibt, dem jeweiligen Fahrer den Schein auszuhändigen. Will man sich jedoch eine solche Weitergabe nur aus Bequemlichkeit sparen, so reicht dies als Grund für einen zweiten Schein nicht aus.

Die Entscheidung trifft in solchen Fällen die Zulassungsstelle, dort kann man bei Bedarf auch die notwendigen Auskünfte erfragen.

Für zulassungsfreie, aber betriebserlaubnispflichtige Fahrzeuge, beispielsweise Mähdrescher oder land- bzw. forstwirtschaftliche Arbeitsgeräte über 3 t zulässigem Gesamtgewicht, gibt es keinen Fahrzeugbrief und keinen Fahrzeugschein. Hier muß dann die **Betriebserlaubnis** mitgeführt werden, in der neben der sog. »Fahrzeug-Identifizierungsnummer«, besser bekannt als Fahrgestellnummer, auch ein eventuell für das

26

Fahrzeug zugeteiltes Kennzeichen vermerkt ist. Die Betriebserlaubnis bescheinigt, ebenso wie der Fahrzeugbrief, daß das Fahrzeug den gesetzlichen Vorschriften entspricht.

Bei zulassungsfreien land- oder forstwirtschaftlichen Anhängern bis 25 km/h oder in der Landwirtschaft eingesetzten einachsigen Zugmaschinen genügt es, wenn der Besitzer die Betriebserlaubnis zu Hause aufbewahrt und sie nur bei Bedarf zur Prüfung aushändigt.

Was man stets bei sich haben sollte:
Um nun nach den vielen Hinweisen keine Verwirrung aufkommen zu lassen, abschließend nochmals eine zusammenfassende Darstellung der Dokumente, die man bei allen Fahrten mit sich führen und bei Verkehrskontrollen auf Verlangen auch aushändigen muß:

Zulassungspflichtige Fahrzeuge, wie Pkw, Lkw, Zugmaschinen, Anhänger über 25 km/h usw:
- ▶ *Führerschein* als Nachweis der Fahrerlaubnis,
- ▶ *Fahrzeugschein* (bei Zügen auch den des Anhängers) als Bestätigung der Zulassung,
- ▶ *ASU-Prüfbescheinigung* bei Fahrzeugen, die zur regelmäßigen Abgassonderuntersuchung (ASU) müssen, beispielsweise Pkw.

Zulassungsfreie Fahrzeuge, wie landwirtschaftliche Arbeitsgeräte und Anhänger bis 25 km/h, Mähdrescher usw:
- ▶ *Führerschein* und
- ▶ *Betriebserlaubnis* anstelle des Fahrzeugscheins, die bei landwirtschaftlichen Anhängern aber auch zu Hause aufbewahrt werden kann.

1.6 Vom Bulldog bis zum schnellen Traktor: Für jeden das richtige Papier

Ein »Bulldog«, vielleicht sogar noch mit Glühkopfmotor, dazu ein paar Anbaugeräte und eisenbereifte Ackerwagen: Bei diesem Fuhrpark gab es mit dem Führerschein noch keine Probleme. Der damalige »Vierer« genügte in allen Fällen.

Heute ist die Frage nach dem richtigen **Führerschein** im landwirtschaftlichen Fuhrpark manchmal eine knifflige Denksport-Aufgabe. Wer sich vor ihrer Lösung scheut, riskiert großen Ärger. Als »Führerschein-Sünder« kann er nicht nur vor dem Verkehrsrichter landen, sondern muß nach einem Unfall womöglich auch noch tief in die eigene Tasche greifen. Denn Haftpflicht-Versicherung und Berufsgenossenschaft verlangen, daß man mit dem passenden Papier am Steuer sitzt.

Versuchen wir also das Kunststück, auf ein paar Seiten das Rätsel um die richtigen *Führerschein-Klassen* zu lösen. Am einfachsten geht es noch beim **Solofahrzeug.** Die *Klasse 5* erlaubt das Führen aller Kraftfahrzeuge mit einer Höchstgeschwindigkeit von nicht mehr als 25 km/h und solcher mit einem Hubraum bis zu 50 cm^3, ausgenommen Zweiräder.

Damit es aber nicht zu einfach wird, hat der Gesetzgeber am 1. April 1980 die Führerscheinklassen geändert. So gilt das eben Gesagte nur dann, wenn der Führerschein ab diesem Zeitpunkt erteilt wurde; vorher entsprach dem die alte Klasse 4. Für ältere Scheine hat der Verordnungsgeber erfreulicherweise jedoch eine großzügige Übergangsregelung geschaffen; man kann also auch mit dem alten »Fünfer« aus der Zeit vor dem Stichtag 1. 4. 1980 die genannten Kombinationen fahren. Der Vollständigkeit halber sei noch erwähnt, daß Führerscheine der Klassen 2 und 3 natürlich die Klassen 4 beziehungsweise 5 mit einschließen und die Führerscheinklasse 4 auch Fahrzeuge der Klasse 5 umfaßt.

Nachdem in den letzten Jahren immer mehr Zugmaschinen auf den Markt kamen, die schneller als 25 km/h gehen, hat sich auch der Verordnungsgeber den Landwirten gegenüber recht großzügig gezeigt. Er gestand zu, daß abweichend von den sonstigen Führerscheinvorschriften auch Zugmaschinen mit einer Höchstgeschwindigkeit bis 32 km/h mit der Klasse 5 (oder, wenn der Führerschein vor dem 1. 4. 1980 gemacht wurde, auch mit dem »Vierer«) gefahren

Abb. 10 Bei diesem Bulldog macht die Frage nach dem richtigen Führerschein kaum Probleme.

werden dürfen. Dies gilt aber wohlgemerkt nur für Zugmaschinen, nicht jedoch beispielsweise für sog. selbstfahrende Arbeitsmaschinen, wie etwa den Mähdrescher. Hier ist auch in der Landwirtschaft bei 25 km/h die magische Grenze.

Anfang der siebziger Jahre gab es vorübergehend einmal eine Führerscheinklasse 2 b. Damals erteilten die Führerscheinstellen im Vorgriff auf eine Vorschriftenänderung Klasse-4-Inhabern auf Antrag einen Führerschein der *Klasse 2 b*. Damit konnte man in der Land- und Forstwirtschaft Zugmaschinen bis zu einer Höchstgeschwindigkeit von 30 km/h und deren Anhänger fahren. Diese Führerscheine haben heute jedoch keine Bedeutung mehr, da die jetzige Klasse 5 (beziehungsweise die alte Klasse 4) weitergehender sind, nämlich das Führen von Traktoren bis 32 km/h Höchstgeschwindigkeit erlauben.

Immer wieder wird gefragt, ob solche Führerscheine der Klasse 2 b in eine unbeschränkte Fahrerlaubnis der Klasse 2 umge-

schrieben werden können. Das ist nicht möglich; wie jeder andere Bewerber muß auch ein 2 b-Besitzer nach der vorgeschriebenen Fahrschulausbildung die theoretische und praktische Führerscheinprüfung auf einem Lastzug oder einem Sattelkraftfahrzeug der Klasse 2 ablegen. Er genießt auch keinerlei Prüfungserleichterungen.

Auf eine Neuerung seit 1.1.1989 sei an dieser Stelle noch hingewiesen. Wer nach diesem Zeitpunkt die Führerscheinprüfung der Klasse 5 gemacht hat, darf damit nicht mehr alle Fahrzeuge bis 25 km/h, sondern nur noch Zugmaschinen und Arbeitsmaschinen (sowie Krankenfahrstühle) bewegen. Im landwirtschaftlichen Fuhrpark bleibt damit zwar alles beim alten, für manchen Sechzehnjährigen ist aber der Traum vom geschwindigkeitsbegrenzten Klein-Pkw bis 25 km/h vorbei.

Soll es dagegen schneller gehen als 25 km/h, beziehungsweise als 32 km/h beim Traktor, dann ist beim Solofahrzeug die *Klasse 3* angesagt, solange das zulässige

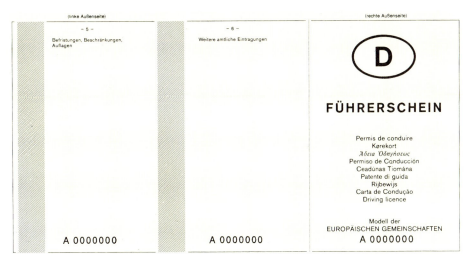

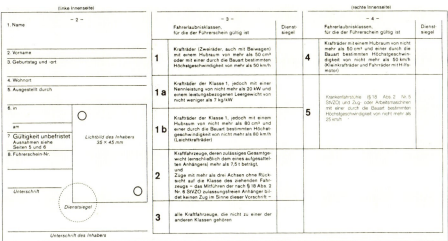

Abb. 11 So sieht der neue EG-Führerschein aus, den man sich auf Antrag anstelle des alten Formulars ausstellen lassen kann.

Gesamtgewicht 7,5 t nicht übersteigt. Bei den schwereren Kalibern, die ja auch meist mit einer Druckluftbremse ausgerüstet sind, bleibt einem der »Zweier« nicht erspart.

Soweit ist die Sache ja noch ganz einfach zu überblicken. Doch wer fährt schon mit der Zugmaschine alleine, die **Anhänger** sind wichtig und hier wird es dann auch erst richtig kompliziert. Beim einachsigen Anhänger und dem sog. Doppelachser mit einem Abstand der beiden Achsmitten von weniger als 1 m gelten die gleichen Führerschein-regelungen wie für die Solozugmaschine, also die *Klasse 5* (beziehungsweise auch die Klasse 4, wenn vor dem 1. 4. 1980 erworben), solange der Traktor nicht schneller als 32 km/h geht; darüber die *Klasse 3*, wenn das zulässige Gesamtgewicht der Zugmaschine höchstens 7,5 t ist, sonst die *Klasse 2*.

Abb. 12 Auch der Sehtest ist Bestandteil der Führerscheinprüfung. Für die Klasse 2 gelten höhere Anforderungen als bei den übrigen Fahrzeugarten.

Das gleiche trifft auch bei den **Arbeitsmaschinen** zu, also beispielsweise beim Mähdrescher; nur wird hier die Geschwindigkeitsgrenze nicht bei 32 km/h, sondern bei 25 km/h gezogen. Eines ist jedoch wichtig: Die Arbeitsmaschine dient ja, wie der Name schon sagt, zur Leistung von Arbeit, nicht aber zum Transport von Gütern, also auch nicht zum Ziehen eines Anhängers. Ausnahmen davon gibt es nur, wenn auf dem Anhänger Teile der Arbeitsmaschine transportiert werden, die etwa wegen Überbreite bei Fahrten auf öffentlichen Straßen abzubauen sind. Typischer Fall ist das Schneidwerk, das bei großen Mähdreschern auf einem Geräteanhänger Platz findet.

Falls jemand jedoch auf die Idee kommen sollte, sich den Traktoreinsatz sowie einen weiteren Fahrer zu sparen und das geerntete Getreide auf dem Anhänger hinter dem Mähdrescher zum Hof zu bringen, so hat das nicht nur zulassungsrechtliche Konse-

quenzen, man handelt sich dadurch auch mit der Versicherung und den Steuerbehörden Schwierigkeiten ein, die ganz schön ins Geld gehen können.

Beim **zwei- und dreiachsigen Anhänger** oder wenn man **2 Anhänger** mitführt, heißt es mit dem Führerschein besonders aufzupassen. Wer sich stolzer Besitzer eines »Zweiers« nennen kann, ist fein heraußen; er muß sich führerscheinrechtlich um nichts kümmern. Hat man dagegen nur die Klasse 3 oder 5 (beziehungsweise 4), sollte man auf die Geschwindigkeit von 25 km/h sein besonderes Augenmerk legen:

Fährt der Traktor selbst nicht schneller, so gibt es nichts weiter zu beachten, als daß die Anhänger zulassungsfrei sind. Darauf gehen wir aber später noch näher ein. Beträgt dagegen die Höchstgeschwindigkeit der Zugmaschine 32 km/h, dann heißt es, den Tritt auf das Gaspedal zu zügeln und die 25 km/h nicht zu überschreiten. Zusätzlich müssen in diesem Fall die Anhänger noch mit Geschwindigkeitsschildern »25 km/h« ausgestattet sein.

Das Schild ist rund, hat einen Durchmesser von 20 cm und einen schwarzen Rand, die Buchstabenhöhe soll 12 cm sein. In der Landwirtschaft genügt am Anhänger ein Schild hinten. Läßt es sich dort nicht anbringen, kann man es auch an die rechte Seite hängen.

Bei einer Zugmaschine, mit der man schneller als 32 km/h fährt, beispielsweise bei den sog. Schnelläufern mit 40 km/h Höchstgeschwindigkeit, ist dagegen mit einem Zweiachsanhänger oder bei 2 Anhängern stets die *Klasse 2* erforderlich. Einfacher wird es jedoch, wenn man mit einem solchen Gefährt seinen Vorwärtsdrang zügelt, sich auf 25 km/h beschränkt und seine Anhänger mit einem Geschwindigkeitsschild versehen hat. Dann tut es selbst mit den genannten Anhängern die *Klasse 3*, wenn das zulässige Gesamtgewicht des Traktors 7,5 t nicht übersteigt. Für schwerere Zugmaschinen mit solchen Anhängern muß es jedoch auch bei 25 km/h die Klasse 2 sein.

Die Zulassungsbefreiung ist auch beim

Abb. 13   Die Klasse-2-Prüfung bestanden. Mit diesem Führerschein ist man auch in der Landwirtschaft fein heraußen.

Abb. 14   Auch das richtige Kuppeln von Fahrzeugen muß man bei der Führerscheinprüfung zeigen.

Führerschein bedeutsam, deshalb hier nochmals ein kurzer Rückblick. Zulassungsfrei sind alle Anhänger, die ausschließlich für land- und forstwirtschaftliche Zwecke genutzt und nicht schneller als 25 km/h gefahren werden. Dann kosten sie keine Steuern, müssen nicht zum TÜV und brauchen nur eine Betriebserlaubnis, also keinen Fahrzeugschein und -brief.

Aber Achtung: Das Tempolimit von 25 km/h muß der Fahrer unbedingt einhalten, und zwar auch dann, wenn der Anhänger für höhere Geschwindigkeiten ausgelegt und mit einer schnelleren Zugmaschine verbunden ist. Sonst verstößt man gegen das Zulassungs- und Steuerrecht – und fährt mit dem »Fünfer« ohne gültige Fahrerlaubnis. Hat der Zug mehr als drei Achsen und fährt man schneller als 25 km/h, dann ist man sogar als Klasse-3-Inhaber ein Führerschein-Sünder.

Soweit also der Einstieg in diese nicht ganz einfache Materie. Einen schnellen Überblick gibt die nachstehende Tabelle 3, die das Ganze nochmals vereinfacht darstellt.

Ein Faltblatt zu den Führerscheinfragen für Landwirte hält der TÜV kostenlos bereit. Dort kann man sich auch jederzeit einen Rat in besonderen Fragen holen, die sich hier aus Platzgründen nicht alle behandeln lassen. Lieber einmal öfters fragen, als nach einer Polizeikontrolle eines Besseren belehrt zu werden und dazu noch tief in die Tasche greifen zu müssen.

Wer den Führerschein schon länger hat:
Da es in der bäuerlichen Familie nicht nur landwirtschaftliche Fahrzeuge gibt, abschließend noch ein kleiner Service zum restlichen Führerscheinbereich, insbesonders was ältere Erlaubnisse angeht:

▶ Führerscheine, die vor dem 1. 12. 1954 in den Klassen 1, 2, 3 oder 4 erteilt wurden, berechtigen auch zum Führen eines Kraftfahrzeuges mit einem Hubraum von mehr als 50 cm³, und zwar bei Krafträdern bis 250 cm³ und bei sonstigen Fahrzeugen bis 700 cm³.

▶ Mit einem Führerschein der Klasse 5, der vor dem 1. 4. 1980 gemacht wurde, darf man auch Kleinkrafträder und Fahrräder mit Hilfsmotor fahren, die bis zu 50 cm³ Hubraum und eine Höchstgeschwindigkeit von maximal 40 km/h (bei Erstzulassung ab 1. 4. 1986 50 km/h) haben.

▶ Ein Klasse-2, -3 oder -4 Führerschein aus der Zeit vor dem 1. 4. 1980 erlaubt auch das Fahren mit Leichtkrafträdern, das sind Krafträder mit einem Hubraum zwischen 50 cm³ und 80 cm³ und einer Höchstgeschwindigkeit bis 80 km/h. Ebenso kann man damit Kleinkrafträder mit bis zu 50 cm³ Hubraum und einer Höchstgeschwindigkeit von über 40 km/h bewegen, wenn sie vor dem 1. 1. 1984 erstmals zugelassen wurden.

Land- und forstwirtschaftliche **Lohnunternehmen** sind Gewerbebetriebe, die – bis auf bestimmte Ausnahmen, wie bei Lohndreschbetrieben – nicht die Zulassungserleichterungen für die Landwirtschaft in Anspruch nehmen können. Dies hat vor allen Dingen Auswirkungen auf das Führerscheinrecht. Nun schuf der Verordnungsgeber für diesen Bereich gleichfalls sinnvolle und vertretbare Erleichterungen.

So darf zukünftig ein Landwirt mit der *Klasse 5* (und natürlich einer mit der Klasse 4 ebenfalls) auch dann Züge mit mehr als 3 Achsen fahren, wenn die Anhänger nicht aus dem land- und forstwirtschaftlichen Betrieb stammen. Das Ankuppeln eines fremden zweiachsigen Anhängers sowie zweier Ein- oder Zweiachser hinter einer Zugmaschine ist erlaubt, wenn man folgendes beachtet:

▶ Der Traktor darf bauartbestimmt nicht schneller als 32 km/h gehen.

▶ Der gesamte Zug oder einzelne Fahrzeuge können nunmehr auch von land-oder forstwirtschaftlichen Lohnunternehmen angemietet oder auf andere Art und Weise überlassen werden.

▶ Fahren darf nur der Landwirt selbst oder ein in seinem Betrieb Beschäftigter, nicht jedoch der Lohnunternehmer oder dessen Mitarbeiter.

Tabelle 3

Erforderliche Fahrerlaubnis für

Zugmaschine		Solo
Höchstgeschwindigkeit	zulässiges Gesamtgewicht	
bis 25 km/h		Klasse 4 oder 5
bis 32 km/h aber nur mit 25 km/h gefahren		Klasse 4 oder 5 ·
bis 32 km/h		Klasse 4 oder 5
mehr als 32 km/h aber nur mit 25 km/h gefahren	bis 7,5 t	Klasse 3
	über 7,5 t	Klasse 2
mehr als 32 km/h	bis 7,5 t	Klasse 3
	über 7,5 t	Klasse 2
Arbeitsmaschine		**Solo**
bis 25 km/h		Klasse 4 oder 5
bis 80 km/h	bis 7,5 t	Klasse 3
	über 7,5 t	Klasse 2

Zugmaschinen und Arbeitsmaschinen bei Fahrten mit und ohne Anhänger

mit 1 oder 2 Anhängern (Gesamtlänge des Zugs: 18 m)

bis zu 1 m
Achsabstand

Klasse 4 oder 5	Klasse 4 oder 5	Klasse 4 oder 5
	Bedingung: Anhänger müssen zulassungsfrei sein	
Klasse 4 oder 5	Klasse 4 oder 5	Klasse 4 oder 5
	Bedingung: Anhänger müssen zulassungsfrei *und* mit 25 km/h-Schildern gekennzeichnet sein	
Klasse 4 oder 5	Klasse 2	Klasse 2
	Bedingung: Anhänger sind zuzulassen (eigenes Kennzeichen)	
Klasse 3	Klasse 3	Klasse 3
	Bedingung: Anhänger müssen zulassungsfrei *und* mit 25 km/h-Schildern gekennzeichnet sein	
Klasse 2	Klasse 2	Klasse 2
Klasse 3	Klasse 2	Klasse 2
Klasse 2	Bedingung: Anhänger sind zuzulassen (eigenes Kennzeichen)	

nur 1 Anhänger
(Gesamtlänge des Zugs: 18 m)

bis zu 1 m
Abstand

(2 Anhänger sind hinter einer Arbeitsmaschine nicht zulässig)

Klasse 4 oder 5	Klasse 4 oder 5
Bedingung: Anhänger muß zulassungsfrei sein	
Klasse 3	Klasse 3
Bedingung: Anhänger muß zulassungsfrei sein	
Klasse 2	Klasse 2

▶ Die Fahrzeuge dürfen nicht schneller als 25 km/h gefahren, müssen für land- oder forstwirtschaftliche Zwecke verwendet und mit entsprechenden Geschwindigkeitsschildern ausgerüstet werden.

Hat der Fahrer den Führerschein der *Klasse 3,* dann darf er solche Züge mit mehr als 3 Achsen auch dann fahren, wenn der Traktor schneller als 32 km/h geht, ein Gesamtgewicht von höchstens 7,5 t hat und die unter den letzten Spiegelstrichen genannten Bedingungen erfüllt sind.

Fährt dagegen der Lohnunternehmer oder einer seiner Mitarbeiter selbst, so gibt es auch dafür zukünftig bestimmte Erleichterungen: Für Traktoren bis 7,5 t Gesamtgewicht mit 1 oder 2 Anhängern reicht – anders als bisher – die Führerscheinklasse 3 aus, wenn

▶ der Zug oder einzelne Fahrzeuge innerhalb des land- oder forstwirtschaftlichen Lohnunternehmens eingesetzt werden,
▶ man mit höchstens 25 km/h fährt und
▶ die Fahrzeuge mit Geschwindigkeitsschildern für 25 km/h gekennzeichnet sind, falls die Zugmaschine bauartbestimmt schneller als 25 km/h geht.

Anders als im landwirtschaftlichen Betrieb ist der Sachverhalt beim Lohnunternehmer: Hier reicht die Klasse 5 für diesen Zweck nicht mehr aus; darauf sollte man achten.

2 Besonderheiten bei landwirtschaftlichen Fahrzeugen

2.1 Gaudifahrt auch ohne Zulassung – neue Sonderregelungen für Traktoren und Anhänger beim »Festeinsatz«.

Das ist ein sinnvoller Beitrag zum Thema Verwaltungsvereinfachung, den der Bundesverkehrsminister mit der »Zweiten Verordnung über Ausnahmen von straßenverkehrsrechtlichen Vorschriften« geleistet hat. Die Erleichterungen für örtliche Brauchtumsveranstaltungen, die am 1.3.1989 in Kraft traten, lassen eine ganze Reihe der bisher in jedem Einzelfall notwendigen Ausnahmegenehmigungen wegfallen. Man spart sich dadurch Laufereien, Kosten und bürokratischen Aufwand. Worum geht es hier nun im einzelnen?

Land- und forstwirtschaftliche **Zugmaschinen** bis 32 km/h und ihre Anhänger müssen für örtliche Brauchtumsveranstaltungen zukünftig nicht mehr zugelassen werden. Darunter fallen beispielsweise Fastnachtsumzüge, Felderfahrten oder Schützen- und Feuerwehrfeste. Die Sonderregelung gilt – und das ist erfreulich – nicht nur für die Veranstaltung selbst, sondern auch für die An- und Abfahrt. Doch auch hier geht es trotz aller Vereinfachungen nicht ganz ohne Reglementierungen ab:

▶ Jedes Fahrzeug muß eine *Betriebserlaubnis* haben, entweder eine Allgemeine Betriebserlaubnis (ABE) oder eine Einzelbetriebserlaubnis. Bei der Zugmaschine dient als Nachweis dafür der Fahrzeugschein, beim Anhänger ist es meist ein Abdruck der ABE, den der Händler beim Kauf mitliefert. Fehlen solche Unterlagen, was bei manchem in die Jahre gekommenen Oldtimer schon mal passieren

kann, hilft die örtliche TÜV-Stelle weiter.

▶ Um ein eigenes *amtliches Kennzeichen* für den Traktor kommt man auch zukünftig nicht herum. Außerdem müssen die Fahrzeuge natürlich verkehrssicher sein und den Vorschriften entsprechen.

Für Traktoren, die ja auch beim Einsatz in der Landwirtschaft zulassungspflichtig sind, hat die Vorschrift weniger praktische Bedeutung. Anders jedoch bei den zulassungsfreien landwirtschaftlichen **Anhängern:** Sie mußten bisher für Brauchtumsveranstaltungen extra zugelassen werden, was man sich jetzt sparen kann. Ein erfreulicher Nebeneffekt ist, daß dabei auch die Steuerpflicht entfällt.

Erleichterungen auch für den **Fahrer** eines Traktors: Er kommt bei diesem Anlaß mit dem Führerschein der *Klasse 5* aus, muß allerdings mindestens 18 Jahre als sein. Die Klasse 5 ist natürlich automatisch auch in der Fahrerlaubnis der Klasse 4 und der Klasse 3 mit eingeschlossen. Auf den ersten Blick sieht das eher nach einer Erschwernis und nicht nach einer Erleichterung aus. Dem ist jedoch nicht so: Da der oder die Anhänger bei Brauchtumsveranstaltungen nicht für landwirtschaftliche Zwecke verwendet werden, wäre somit bereits bei einem zweiachsigen Anhängsel hinter der Zugmaschine die Klasse 2 notwendig. Wenn dies auch bereits bisher örtlich manchmal recht großzügig gehandhabt wurde, so hat man jetzt sinnvollerweise für Klarheit in der Führerscheinfrage gesorgt, ohne zu große bürokratische Hürden aufzubauen.

Bei solchen Festen und Umzügen fahren in der Regel auch Personen auf den Anhängern mit. Das ist zukünftig ohne besondere Genehmigung allgemein erlaubt. Natürlich muß für die Sicherheit dieser **»Fahrgäste«** einiges getan werden:

- Damit man auf dem Anhänger beim Bremsen oder in der Kurve nicht so leicht das Gleichgewicht verliert, darf nur mit *Schrittgeschwindigkeit* gefahren werden.
- Die *Ladefläche* des Anhängers soll keine Stolperstellen und sonstige Fallen haben, sondern muß eben sowie tritt- und rutschfest sein. Bei nassen Holzbrettern tut man gut daran, für einen rutschhemmenden Belag zu sorgen, um Unfällen vorzubeugen.
- Die *Sitz-* und *Stehplätze* brauchen eine ausreichende Sicherung gegen Verletzung oder Herunterfallen der Mitfahrer, beispielsweise für jeden Sitz eine Armlehne oder einen Griff zum Festhalten beziehungsweise stabile Haltestangen an den Stehplätzen.
- Damit man im Eifer des Gefechtes nicht ganze Teile des Fahrzeuges, wie etwa Bordwände, samt der menschlichen Fracht verliert, müssen die *Aufbauten* ausreichend stabil und fest auf dem Anhänger montiert sein. Deshalb: Bänke oder Stühle als Sitzplätze nicht einfach auf den Anhänger stellen, sondern sie unbedingt auf der Ladefläche verschrauben.
- Personen können die Fahrt auf dem Anhänger nur während der eigentlichen Veranstaltung genießen, nicht jedoch bei der An- und Abfahrt. Hier darf niemand auf dem Hänger mitgenommen werden.

Will man in den Genuß der genannten Erleichterungen kommen, so heißt es, auf folgendes zu achten:

- Für jedes Fahrzeug, also auch für die Anhänger, muß eine *Haftpflichtversicherung* abgeschlossen sein, die für alle Schäden in diesem Zusammenhang aufkommt. Dabei gilt es jedoch aufzupassen, um keine unangenehme Überraschung zu erleben: Falls die Versicherung, insbesondere die der Anhänger, auf den land- oder forstwirtschaftlichen Betrieb oder für land- und forstwirtschaftliche Zwecke beschränkt ist, muß sie ausdrücklich auf die Brauchtumsveranstaltung erweitert

werden. In Betracht kommt entweder eine zusätzliche Deckungszusage im Rahmen der bisherigen oder eine gesonderte Versicherung für diesen Zweck.
- Der Fahrer muß seinen Vorwärtsdrang zügeln; während solcher Veranstaltungen darf nur mit *Schrittgeschwindigkeit* sowie bei der An- und Abfahrt mit maximal 25 km/h gefahren werden.
- Sowohl am Traktor als auch an den Anhängern ist hinten ein *Geschwindigkeitsschild* für 25 km/h anzubringen.

2.2 Mit Überbreite unterwegs – für Straßenfahrten mit dem Mähdrescher sind Besonderheiten zu beachten

Mähdrescher stellen eine besondere Art von Fahrzeugen dar, nämlich sog. **»selbstfahrende Arbeitsmaschinen«.** Das sind Fahrzeuge, die durch ihre besonderen Einrichtungen nur zur Arbeitsleistung, nicht aber zum Transport von Personen oder Gütern geeignet sind. Deshalb dürfen hinter Mähdreschern auch keine Anhänger mitgeführt werden, mit einer Ausnahme: Geräteanhänger, die nur Teile des abmontierten Schneid- und Mähwerkes befördern.

Selbstfahrende Arbeitsmaschinen genießen eine ganze Reihe von Erleichterungen. So sind sie von den üblichen Vorschriften über das Zulassungsverfahren ausgenommen, benötigen jedoch eine **Betriebserlaubnis.** Sie wird dem Käufer in der Regel mit dem Fahrzeug übergeben und muß dann nur noch von der Zulassungsstelle abgestempelt werden.

Kann der Mähdrescher seiner Bauart nach schneller als 20 km/h fahren, so ist ein eigenes **Kennzeichen** notwendig. Im anderen Fall muß auf der linken Fahrzeugseite Vorname, Zuname und Wohnort des Besitzers in unverwischbarer Schrift deutlich angegeben sein.

Die Pflicht zur Führung eines eigenen Kennzeichens hat noch weitere Auswirkungen.

Abb. 15 Wegen der Sichtverhältnisse darf für die Straßenfahrt das sog. Vorbaumaß, der Abstand von Vorderkante Schneidwerk bis zur Lenkradmitte, höchstens 3,5 m betragen. Ansonsten kommt man um den Abbau des Schneidwerks nicht herum.

So müssen Mähdrescher mit mehr als 20 km/h Höchstgeschwindigkeit regelmäßig zur *Hauptuntersuchung* beim TÜV, und zwar

▶ alle 2 Jahre, wenn das zulässige Gesamtgewicht bis zu 2,8 t beträgt, und
▶ jedes Jahr bei einem höheren Gesamtgewicht als 2,8 t.
▶ Eine zusätzliche jährliche *Bremsensonderuntersuchung* wird bei den größeren Versionen mit einem zulässigen Gesamtgewicht von mehr als 6 t notwendig.

Fahrzeuge dürfen allgemein höchstens 2,5 m breit sein, doch auch hier gibt es Ausnahmen. Bei Mähdreschern, wie auch bei allen sonstigen land- und forstwirtschaftlichen Arbeitsgeräten oder auswechselbaren Anbaugeräten an Zugmaschinen, kann die Breite bis zu 3 m betragen. Diese Grenze hat bei modernen, leistungsfähigen Maschinen

mit entsprechend breiten Schneidwerken zunehmend zu Schwierigkeiten geführt.

In der Erntezeit ist es häufig notwendig, zwischen nahegelegenen Feldern mit dem überbreiten Mähdrescher Straßen zu überqueren oder untergeordnete Straßenabschnitte zu befahren. Bisher wurde in solchen Fällen immer der Abbau des Schneidwerkes gefordert, was einen wirtschaftlichen Einsatz erschwerte. Deshalb hat das Bayerische Staatsministerium für Wirtschaft und Verkehr die Bezirksregierungen ermächtigt, für solche Zwecke **Ausnahmegenehmigungen** bis zu einer Breite von 3,5 m zu erteilen. In anderen Bundesländern gelten ähnliche Regelungen.

Bei noch breiteren Fahrzeugen kommt der Landwirt jedoch auch weiterhin um einen Abbau des Mäh- und Schneidwerkes nicht herum, das dann am einfachsten auf einem Anhänger hinter dem Mähdrescher mitgeführt wird. Eine weitere Voraussetzung für

Abb. 16 Ist das Schneidwerk des Mähdreschers breiter als 3,50 m, so muß es für die Straßenfahrt abgebaut und am besten auf einem Geräteanhänger hinter dem Mähdrescher mitgeführt werden.

die Genehmigung ist, daß das sog. Vorbaumaß, also der Abstand von der Vorderkante (mit angebautem Schneidwerk) bis zur Lenkradmitte, nicht mehr als 3,5 m betragen und das Sichtfeld für den Fahrer nicht oder nur geringfügig eingeschränkt sein darf.

Der TÜV hilft den Landwirten, problemlos eine solche Ausnahmegenehmigung zu erhalten. So nimmt der Sachverständige das Fahrzeug in Augenschein, auf Wunsch auch auf dem Hof, erstellt das erforderliche technische Gutachten und leitet es direkt an die Bezirksregierung weiter, die dann die Ausnahmegenehmigung erteilt.

Damit die übrigen Verkehrsteilnehmer rechtzeitig auf den überbreiten und langsam fahrenden Partner im Straßenverkehr hingewiesen werden, sind eine ganze Reihe von Auflagen notwendig:

▶ Die Kenntlichmachung der Überbreite erfolgt durch die bekannten *Warntafeln* an

der Vorder- und Rückseite des Mähdreschers. Die Tafeln werden möglichst weit außen angebracht und sollen mit der Außenkante des Mähdreschers abschließen. Wenn dabei scharfe Kanten entstehen, können die Tafeln um höchstens 10 cm nach innen versetzt werden. Statt der Warntafeln sind auch entsprechende Folien oder Warnanstriche zulässig. Weitere Hinweise zur Gestaltung dieser Warneinrichtungen findet man im Abschnitt 3.2 »Kenntlich machen«.

▶ Das Fahrzeug muß mit einer Kennleuchte für *gelbes Blinklicht* (Rundumlicht) ausgerüstet werden, das horizontal in einem Winkelbereich von 360° sichtbar ist. Läßt sich das wegen der Bauart des Fahrzeuges nicht erreichen, so bedarf es einer zweiten Rundumleuchte.

▶ Die *Begrenzungsleuchten,* allgemein bekannt als Standlicht, die Schlußleuchten und die Rückstrahler dürfen höchstens 40 cm Abstand zur Außenkante des

38

Abb. 17 Damit sie der Autofahrer frühzeitig wahrnimmt, müssen überbreite Mähdrescher im Verkehr mit Warntafeln gekennzeichnet werden.

Abb. 18 In besonderen Fällen ist zur Kenntlichmachung eines sehr breiten Mähdreschers auch ein gelbes Blinklicht notwendig.

Anbaugerätes oder des Mähdreschers haben. Rückstrahler können maximal 90 cm, Schlußleuchten und Begrenzungsleuchten bis zu 155 cm hoch über der Fahrbahn montiert sein. Ist eine solche Anbringung nicht möglich, so kommt man um zusätzliche Leuchten und Rückstrahler nicht herum.

▶ An der linken Seite des Mähdreschers ist im vorderen Drittel ein *gelber Seitenrückstrahler* erforderlich sowie eine *Umrißleuchte,* die nach vorne weißes Licht und nach hinten rotes Licht ausstrahlt.

▶ Es müssen mindestens 2 *Warndreiecke* und 2 tragbare *Warnleuchten* mitgeführt werden.

▶ Auch bei angebautem Mähwerk und großvolumigen Reifen ist die *zulässige Vorderachslast* und die *Mindestachslast hinten* einzuhalten.

▶ Vor Fahrten auf öffentlichen Straßen müssen die Halmteiler mit Abweisblech

und Stützen abgenommen und die Ansatzstücke für die Halmteiler sowie das Schneidwerk durch eine *Schutzleiste* mit rot-weißen Schrägstreifen abgedeckt werden, und zwar über die gesamte Breite des Mähwerks. Weiterhin ist die Unterkante des Mähwerks so in der Höhe einzustellen, daß die Bodenfreiheit gewährleistet, die Beleuchtung nicht verdeckt und das Sichtfeld für den Fahrer nicht zusätzlich eingeschränkt wird.

▶ Der Mähdrescher darf nur von einem ortskundigen und routinierten *Fahrer* gefahren werden.

Um unnötigen Zeitaufwand und Kosten zu sparen, sollten Landwirte, die an einer solchen Genehmigung interessiert sind, rechtzeitig Kontakt mit ihrer TÜV-Stelle vor Ort aufnehmen. Dort erhalten sie weitergehende Informationen – auch entsprechende Merkblätter sind vorrätig –, gleichzeitig kann

Abb. 19 Das Schneidwerk des Mähdreschers wird am besten durch eine Schutzleiste mit rot-weißen Schrägstreifen abgedeckt.

ein Termin für die Begutachtung des Fahrzeuges vereinbart werden.

Sobald die Ausnahmegenehmigung vorliegt, muß dann für Fahrten mit angebautem Schneidwerk bei mehr als 3 m Breite noch die notwendige Erlaubnis beim zuständigen Landratsamt eingeholt werden.

2.3 Ein Schild für jeden schnellen Traktor

Bisher mußten nur die zulassungsbefreiten landwirtschaftlichen Anhänger das bekannte 25 km/h-Schild haben, wenn sie an eine Zugmaschine gekuppelt waren, die schneller als 25 km/h lief. Zukünftig hat der Landwirt immer dann zu dem runden Schild zu greifen, wenn er sich auf einen Traktor mit einer Höchstgeschwindigkeit zwischen 33 km/h und 60 km/h setzt. Doch er ist nicht der einzige Betroffene: Für alle Kraftfahrzeuge, die bis zu 60 km/h schnell fahren

können und für alle Anhänger, die nur für eine Geschwindigkeit von weniger als 100 km/h geeignet sind oder eine geringere Bremsverzögerung als 2,5 m/s^2 haben, gilt seit 1.1.1989 das gleiche.

Welche Fahrzeuge das sind, erkennt man am einfachsten durch einen Blick in den Fahrzeugschein oder die Betriebserlaubnis. Ausgenommen davon bleiben nur land- und forstwirtschaftliche Arbeitsgeräte, die hinter Kraftfahrzeugen mitgeführt werden.

Drei **Schilder** insgesamt verlangt die Verordnung, links und rechts sowie an der Rückseite. Natürlich hat man auch die Form genau vorgeschrieben: Rund müssen sie sein und einen schwarzen Rand haben mit einer Buchstabengrößen von 120 mm.

Kaum in Kraft getreten, gingen die Probleme mit dieser Vorschrift schon los:

▶ Wo soll man das Schild hinten an der Zugmaschine anbringen? Ein geeigneter Platz ist oft gar nicht so leicht zu finden.

Abb. 20   Das Geschwindigkeitsschild muß rund sein und einen schwarzen Rand sowie 12 cm große Zahlen haben.

▶ Was passiert, wenn ein Anbaugerät das Schild verdeckt?

▶ Welches Schild braucht man, wenn die Zugmaschine unterschiedliche Höchstgeschwindigkeiten hat (beispielsweise wegen schwerer Anbaugeräte)?

▶ Wenn es am Anhänger ein einziges Schild tut, warum braucht man dann am Traktor 3 davon?

So blieb dem Bonner Verkehrsministerium gar nichts anderes übrig, als nachzutarokken und die noch fast druckfrische Verordnung durch eine weitere überhaupt erst anwendbar zu machen. Für den Landwirt ist dabei folgendes zu beachten:

▶ Die *Geschwindigkeitsangaben* müssen eindeutig sein. Es sind also keine Schilder mit unterschiedlichen Zahlen erlaubt, wenn sich beispielsweise die Höchstgeschwindigkeit eines Traktors durch Anbaugeräte oder andere Reifen verringert. Der gerade gültige Wert ist anzuge-

ben, andere Geschwindigkeitsschilder können entweder abgenommen, abgedeckt oder – etwa mit schwarzem Klebeband – durchkreuzt werden.

▶ Wird ein *Anhänger* mitgeführt, gilt nur das Schild mit der niedrigeren Geschwindigkeit am Anhänger. So braucht man also bei einem 25 km/h-Schild am Anhänger ein 40 km/h-Schild an der Zugmaschine nicht abzunehmen oder zu durchkreuzen. Natürlich darf so ein Zug weiterhin nicht schneller als 25 km/h fahren.

▶ Ist das *hintere* Geschwindigkeitsschild am Traktor verdeckt, kommt man um ein zusätzliches Schild, etwa am Anbaugerät, nicht herum.

▶ Beim landwirtschaftlichen Traktor hatte der Bundesverkehrsminister mit der Schilderflut ein Einsehen; es genügt, abweichend von den bisherigen Vorschriften, 1 Geschwindigkeitsschild an der Rückseite. Fest angebracht muß es sein

Abb. 21   Am Traktor genügt, abweichend von den Vorschriften für die übrigen Fahrzeuge, ein Geschwindig-keitsschild hinten, das für andere Verkehrsteilnehmer gut sichtbar ist.

und für andere Verkehrsteilnehmer gut erkennbar. Zur Not tut es auch ein entsprechend gestalteter Aufkleber an der Scheibe der Fahrerkabine. Läßt sich trotz aller Mühe das Schild nicht montieren, kann man es im Ausnahmefall auch gut sichtbar rechts am Fahrzeug anbringen.

▶ Besonders gut meint es das Bayerische Wirtschafts- und Verkehrsministerium mit den Landwirten. Es hat den Vorschlag des bayerischen TÜV aufgegriffen und gesteht zu, daß die Geschwindigkeitsschilder in Staffelungen von 5 km/h verwendet werden können, wobei immer der höhere Wert anzugeben ist. So genügt beim Traktor mit 36 km/h Höchstgeschwindigkeit ein Vierziger-Schild, geht die Zugmaschine nur 34 km/h, reicht die Angabe 35 km/h. Dadurch gibt es außerdem weniger Probleme mit den verschiedenen Höchstgeschwindigkeiten beim gleichen Traktor.

Nachdem die Vorschrift bereits seit Januar 1989 in Kraft ist, tut jeder Landwirt gut daran, seine Traktoren, die schneller als 32 km/h laufen, möglichst bald zu beschildern. Für die langsameren Zugmaschinen bleibt dagegen alles beim alten, Geschwindigkeitsschilder sind hier nicht notwendig.

2.4 Wie Geländewagen als Zugmaschinen eingestuft werden können

Interessant ist der Geländewagen im landwirtschaftlichen Betrieb natürlich schon: Seine vielfältigen Einsatzmöglichkeiten außerhalb befestigter Straßen und beim Ziehen auch schwerer Anhänger, seine Höchstgeschwindigkeit, die für ein flottes Fortkommen sorgt, und das Pkw-ähnliche Fahrverhalten haben ihm einen Platz im ländlichen Fuhrpark verschafft. Läßt sich dann sogar noch eine *Steuerbefreiung* er-

Abb. 22 Recht hohe Hürden hat der Gesetzgeber aufgebaut, um einen solchen Jeep als Zugmaschine zulassen zu können.

reichen, die einen Großteil des Mehrpreises gegenüber dem vergleichbaren Pkw wettmacht, so führt auch vom Wirtschaftlichen her kein Weg an dieser relativ neuen Fahrzeugart vorbei.

Doch leider muß man die Euphorie, die bei dem einen oder anderen nach dem Lesen dieser Zeilen aufkommt, gleich etwas bremsen. Für eine Einstufung als **»landwirtschaftliche Zugmaschine«,** die ja überhaupt erst die Grundlage einer möglichen Steuerbefreiung bildet, gibt es enge Grenzen. Sie zu kennen, erspart manche nachträgliche Enttäuschung und vermeidet, daß sich der vermeintlich gute Kauf zur teuren Fehlinvestition mausert.

In der Vergangenheit gingen die verschiedensten Institutionen, von den Zulassungsstellen bis hin zu den Steuerbehörden, manchmal recht großzügig mit dem Begriff »Zugmaschine« um. Dies vor allem deshalb, weil eine solche Fahrzeugart bislang nirgends exakt definiert ist, weder im Verkehrs-

recht noch im Steuerrecht. So muß man sich wohl oder übel auf Auslegungen stützen, und die bringen ja bekanntermaßen Unsicherheiten mit sich.

In *zulassungsrechtlicher Hinsicht* hat der Bundesverkehrsminister das Thema aufgegriffen und im schönsten Juristendeutsch erklärt: »Im Sinne des Verkehrsrechts sind Zugmaschinen Kraftfahrzeuge, deren wirtschaftlicher Wert im wesentlichen in der Zugleistung besteht und bei denen schon die äußere Gestaltung erkennen läßt, daß der etwa vorhandene Laderaum in seiner wirtschaftlichen Bedeutung hinter der Zugleistung weit zurücksteht oder nur geringe Bedeutung hat«.

Das bedeutet, verständlicher ausgedrückt, daß nur solche Kraftfahrzeuge als Zugmaschinen eingestuft werden können, die ausschließlich oder zumindest überwiegend zum Ziehen von Anhängern oder Anbaugeräten gebaut sind und bei denen nur ein minimaler Laderaum vorhanden ist. Ein Einsatz

43

als Lkw oder für andere Zwecke, beispielsweise als Pkw zur Beförderung von Personen, soll dadurch unwirtschaftlich werden. Nur unter diesen Voraussetzungen kann man einem als Zugmaschine umgebauten Fahrzeug die verschiedenen wesentlichen Erleichterungen auch tatsächlich zugestehen.

Eine Reihe von finanzgerichtlichen Urteilen hat sich ebenfalls mit dieser Frage befaßt, und zwar mehr unter *steuerlichen Aspekten.* Alle kommen einheitlich zu dem Schluß, daß bei der Abgrenzung der Zugmaschine von anderen Fahrzeugarten ein sehr enger Rahmen zu setzen ist. Fahrzeuge, deren Verwendbarkeit zum Transport von Personen oder von Gütern nicht deutlich hinter der Zugleistung oder der Antriebsleistung für Anbaugeräte zurücktritt, können danach steuerlich auf keinen Fall als Zugmaschinen behandelt werden. Weiterhin wird in den Urteilen die Auffassung vertreten, daß die zulassungsrechtliche Einstufung eines Fahrzeuges, also der Eintrag im Fahrzeugbrief oder -schein, für die Finanzbehörden nicht bindend sei. So gab es in der Vergangenheit für manchen stolzen Besitzer einer solchen »Zugmaschine« ein böses Erwachen, wenn trotzdem die begehrte Steuerbefreiung versagt blieb.

Dennoch lassen sich aus der Rechtssprechung eine Reihe von Kriterien finden, die diesen schwierigen Sachverhalt etwas überschaubarer machen:

▶ Ein *Geländewagen* mit 5 Sitzplätzen und 2 angetriebenen Achsen, der eine Anhängerkupplung hat, kann nicht als Zugmaschine eingestuft werden, da seine Eignung zur Beförderung von Personen durch die Sitzplätze nach wie vor gegeben ist. Die Verwendbarkeit zum Ziehen von Anhängern spielt demgegenüber nur eine untergeordnete Bedeutung.

▶ Ähnlich ist der Sachverhalt bei einem *Pkw-Kombi,* an den eine Anhängerkupplung angebaut wurde. Ein solches Fahrzeug ist von seiner Bauart her wahlweise zur Beförderung von Personen oder zum Transport von Gütern geeignet. Dies ändert sich auch durch die Anhängerkupplung nicht, wenn nach wie vor die ursprünglich vorhandenen 4 Sitze oder nach deren Ausbau entsprechend große Ladeflächen verbleiben. Das Fahrzeug kann also ebenfalls nicht als Zugmaschine eingestuft werden.

▶ Fahrzeuge des *Typs Land-Rover* mit offenem Aufbau (Typen 88 und 109) und Anhängerkupplung wurden dagegen als Zugmaschinen akzeptiert, weil deren wirtschaftlicher Wert im wesentlichen in der Zugleistung besteht. Wegen des kleinen Laderaumes und der geringen Nutzlast ist ein Einsatz als Lkw unwirtschaftlich. Dies allerdings nur, solange keine zusätzlichen Sitze auf der Ladefläche angebracht sind.

▶ Ein *Beifahrersitz* steht der Einstufung als Zugmaschine nicht entgegen. Er war sogar bis vor einigen Jahren für diese Fahrzeugart bindend vorgeschrieben. Sind jedoch 3 Sitze und mehr vorhanden, so gewinnt die Möglichkeit zum Transport von Personen immer mehr an Bedeutung und übersteigt den Zweck der Zugleistung, verhindert also damit die Eingruppierung als Zugmaschine.

▶ Ebenso ist die *Begrenzung der Höchstgeschwindigkeit* nicht notwendig, um in den Genuß des Zugmaschinenprivilegs zu kommen. Weder aus dem Verkehrsrecht noch aus dem Steuerrecht läßt sich eine solche Forderung ableiten. Soll aber aus anderen Gründen, etwa wegen des Führerscheins, die Höchstgeschwindigkeit verringert werden, so gelten dabei bestimmte Regeln, die noch behandelt werden.

▶ Entfernt man bei einem Jeep die hinteren *Sitze* und macht die verbleibende Fläche auch als *Laderaum* unbrauchbar, beispielsweise durch eine mit dem Boden verschweißte schräge Platte, so kann eine Einstufung als Zugmaschine erfolgen. Schräg muß die Abdeckung deshalb sein, damit keiner auf die Idee kommt, dort leichtere Lasten zu transportieren.

Abb. 23 Die Anhängerkupplung allein reicht nicht aus, um beim Umbau eines Pkw in den Genuß der Vorteile für Zugmaschinen zu kommen.

Diese Maßnahmen dürfen allerdings nicht mit einfachen Mitteln wieder rück-zurüsten sein. So ist es notwendig, in ei-nem solchen Fall die Aufnahmevorrich-tungen für die Sitze unbrauchbar zu ma-chen, also zu entfernen und die Aufnah-mebohrungen zu verschweißen. Auch die schräge Abdeckplatte darf nicht bloß am Boden angeschraubt, sondern muß schon mit ihm vernietet oder verschweißt sein. Damit soll verhindert werden, daß sie nicht nur einmal alle 2 Jahre bei der TÜV-Prüfung im Fahrzeug ist.

Zusammenfassend ist als Ergebnis festzu-stellen, daß maximal 2 Sitzplätze, möglichst keine oder allenfalls eine minimale Ladeflä-che, eine hohe Anhängelast, eine ausrei-chend dimensionierte Kupplung und mög-lichst eine Zapfwelle als Antrieb für Neben-aggregate die besten Voraussetzungen bie-ten, um in den Genuß der steuerlichen Er-leichterungen zu kommen.

2.5 Lkw als Zugmaschine – ein Weg mit manchen Hürden

Besonders geeignet für einen Umbau als Zugmaschine sind natürlich gebrauchte Lkw, die relativ erschwinglich sind und in Verbindung mit Anhängern recht hohe Nutzlasten bieten können.

Dabei stellt sich dann als erstes die Frage, was unter einer »minimalen« Ladefläche zu verstehen ist. Es gibt dafür natürlich keine einheitlichen Grenzmaße, denn die kleine Zugmaschine mit 2 t Gesamtgewicht muß anders gesehen werden als der schwerge-wichtige Bruder mit einigen 100 kW Motor-leistung. Der Bundesverkehrsminister hat deshalb bereits im Jahre 1962 einige Grund-sätze aufgestellt, die auch heute noch un-verändert gelten:

Eine **Hilfsladefläche** ist dann unbedeutend – und steht somit der Einstufung als Zugma-schine nicht entgegen –, wenn

45

► die *Nutzlast* höchstens 40 % des zulässigen Gesamtgewichtes beträgt, das Fahrzeug also ein Eigengewicht von mehr als dem 0,6fachen des Gesamtgewichtes hat, und

► die *Länge der Hilfsladefläche* maximal 1,4 mal so groß ist wie die Spurweite der Vorderachse;

► bei dreiachsigen Fahrzeugen darf dagegen dieser Wert das Zweifache der *Spurweite* vorne und die Hälfte der gesamten *Fahrzeuglänge* nicht überschreiten. Auch sog. Doppelachser mit einem Achsabstand von weniger als 1 m gelten in diesem Zusammenhang als dreiachsige Fahrzeuge.

Während sich das zulässige Gesamtgewicht noch bequem aus dem Fahrzeugbrief oder -schein (Ziffer 15) ablesen läßt, kommt man bei der Bestimmung der Spurweite um das Maßnehmen nicht herum. Dazu wird bei Geradeausstellung der Abstand zwischen der Mitte beider Räder an der Vorderachse gemessen.

Um nach einem Umbau eines anderen Fahrzeuges das Produkt dann auch wirklich als Zugmaschine bezeichnen zu können, muß natürlich eine ausreichende **Anhängelast** und die notwendige **Zugkraft** zur Verfügung stehen. Dabei gelten ebenfalls feste Bedingungen:

● Das Fahrzeug muß für eine *Anhängelast* vom 1,4fachen des zulässigen Gesamtgewichtes technisch geeignet sein. Die entsprechenden Angaben findet man in den Fahrzeugpapieren unter Ziffer 28. Während bei einem Lkw diese Forderung kaum Probleme aufwirft, kann es beim umgebauten Geländewagen schon kritisch werden. Verbindliche Auskünfte, für welche maximale Anhängelast ein Auto geeignet ist, kann der Fahrzeughersteller oder die nächste TÜV-Stelle geben.

● An der Anhängerkupplung muß die *Zugkraft* mehr als das 0,3fache des zulässigen Gesamtgewichtes betragen. Diese Kraft läßt sich zwar auch direkt messen,

einfacher ist aber die Berechnung der dazu notwendigen Motorleistung N nach folgender Faustformel:

$$N \left[kW \right] = \frac{G_{zul} \cdot v}{788}$$

wobei

G_{zul} das zulässige Gesamtgewicht in kg ist und

v die Bezugsgeschwindigkeit in km/h bei Nenndrehzahl des Motors im niedrigsten Gang ist.

Wer statt der korrekten Bezeichnung kW (Kilowatt) lieber noch mit den überholten PS rechnet, für den lautet die Gleichung:

$$N \left[PS \right] = \frac{G_{zul} \cdot v}{583}$$

Bei einem üblichen Geländewagen mit 2,8 t zulässigem Gesamtgewicht und einer Bezugsgeschwindigkeit von 20 km/h ergibt sich somit eine Mindestmotorleistung von

$$N = \frac{2800 \cdot 20}{788} = 71 \, kW \text{ oder } N = \frac{2800 \cdot 20}{583} = 96 \, PS.$$

Der Lkw mit 16 t und einer Bezugsgeschwindigkeit von 6 km/h muß dagegen schon

$$N = \frac{16000 \cdot 6}{788} = 122 \, kW \text{ oder } N = \frac{16000 \cdot 6}{583} = 165 \, PS.$$

an Leistung aufbringen.

Meist sollen hinter den umgebauten Zugmaschinen die in der Landwirtschaft üblichen zulassungsfreien Anhänger mitgeführt werden. In diesen Fällen, vor allem, wenn der Klasse-2-Führerschein oder auch der Dreier nicht vorhanden ist, muß dann aus dem flotten Pkw oder dem Kraftprotz Lkw auch noch ein sog. »Langsamläufer« werden, dessen **bauartbedingte Höchstgeschwindigkeit** nicht über 32 km/h (bzw. 25 km/h) liegen darf. Dazu gibt es verschiedene Möglichkeiten:

► Am technisch sinnvollsten (wenn auch am aufwendigsten) ist der Einbau eines *anderen Getriebes*, das im größten Gang nur eine Geschwindigkeit von 32 oder 25 km/h zuläßt.

► Zur Not tut es auch eine *mechanische Sperrung* der schnelleren Gänge (beispielsweise durch Bolzen oder ähnliche Mittel) innerhalb des Getriebes. Diese Sperrung darf von außen nicht zugänglich sein, aus Kontrollgründen muß sie außerdem im Getriebeinneren verplombt werden.

► Die bessere Möglichkeit, wenn man sich den Ersatz des kompletten Getriebes sparen will, ist jedoch ein *Ausbau der Zahnräder*, die für ein Tempo für 32 bzw. 25 km/h sorgen. Entfernt man sie, kann auch eine Plombierung des Getriebegehäuses unterbleiben.

Für landwirtschaftliche Großbetriebe und Lohnunternehmer kann es aber wirtschaftlich auch durchaus interessant sein, auf die Geschwindigkeitsreduzierung nach einem Umbau zu verzichten und bis zu 80 km/h schnell zu fahren. Dazu sollten die Anhänger aber stets mit *Druckluftbremsanlagen* ausgestattet sein. Außerdem ist ein Führerschein der Klasse 2 bzw. 3 erforderlich, die Anhänger müssen zugelassen sein (also ein eigenes amtliches Kennzeichen haben) und alle Jahre zum TÜV, ab einem Gesamtgewicht von 6 t jährlich zur Bremsensonderuntersuchung und ab einem Gesamtgewicht von 9 t zusätzlich alle 6 Monate zur Zwischenuntersuchung. Die sechsmonatige Zwischenuntersuchung und die jährliche Bremsensonderuntersuchung gilt ebenso für die Zugmaschine ab 6 t Gesamtgewicht und mit mehr als 40 km/h Höchstgeschwindigkeit.

Die wichtigste Maßnahme beim Umbau ist das **Verkürzen der Ladefläche** auf die vorgeschriebene Länge. Bei Aufbauten mit offenem Kasten, speziell bei Kippern, treten dabei in der Regel kaum technische Probleme auf. Der entstehende Zwischenraum zwischen Führerhaus und Ladefläche läßt sich sinnvoll nutzen, beispielsweise durch einen Ladekran, eine Seilwinde oder ein sonstiges Arbeitsgerät. So erhöht man gleichzeitig das Leergewicht und reduziert die verbleibende Nutzlast.

Reichen diese Maßnahmen nicht aus, um das Eigengewicht der Zugmaschine über die bereits genannte 60 %-Hürde zu hieven, müssen Ballastgewichte her. Sie sind fest mit dem Fahrzeug zu verschrauben und werden auch in die Fahrzeugpapiere eingetragen. Von Schweiß- und Schneidearbeiten am Fahrzeugrahmen sollte der Landwirt lieber die Finger lassen; dazu gibt es detaillierte Herstellervorschriften, die einzuhalten sind und meist auch spezielle Geräte erfordern.

Nach dem Umbau zur TÜV-Abnahme:
Abschließend ist noch zu erwähnen, daß das umgebaute Fahrzeug natürlich zum TÜV muß. Man kann sich die Abnahmeprozedur erleichtern und unangenehme Überraschungen ersparen, wenn ein paar Ratschläge beherzigt werden:

► Sprechen Sie mit Ihrer TÜV-Stelle bereits vor dem Umbau und lassen Sie sich dabei die wichtigsten gesetzlichen Regeln erläutern.
► Bestehen Sie beim Kauf des Fahrzeuges, das Sie umbauen wollen, auf der Aushändigung des Fahrzeugbriefes, dadurch wird die Abnahme einfacher.
► Berücksichtigen Sie bei größeren Umbauten die Anweisungen des Fahrzeugherstellers, die Sie beim TÜV oder einem Fachbetrieb erfragen können.

Im Zusammenhang mit dem Umbau von Fahrzeugen in landwirtschaftliche Zugmaschinen stellt sich immer wieder die Frage nach der sog. **»Gasölverbilligung«.**
Nach dem »Landwirtschafts-Gasölverbilligungsgesetz« wird für versteuertes Gasöl eine Verbilligung gewährt, wenn man es in der Landwirtschaft verwendet zum Betrieb von

● Ackerschleppern (Traktoren),
● standfesten oder beweglichen Arbeitsmaschinen,
● Motoren oder Sonderfahrzeugen

bei der Bodenbewirtschaftung zur Gewinnung pflanzlicher oder tierischer Erzeugnisse oder bei einer mit der Bodenbewirtschaftung verbundenen Tierhaltung zum gleichen Zweck.

Der Begriff »Ackerschlepper« im Sinne dieses Gesetzes ist jedoch nicht gleichbedeutend mit der Bezeichnung »Zugmaschine«. Als Ackerschlepper beschreibt man vielmehr eine besondere Art von Zugmaschinen, die über das Mitführen von Anhängern hinaus auch zum Schieben, Tragen oder Antreiben von auswechselbaren land- oder forstwirtschaftlichen Geräten bestimmt sind. Die Gasölverbilligung kann deshalb – falls die übrigen Bestimmungen des Gesetzes erfüllt sind – auch nicht für alle Zugmaschinen in Anspruch genommen werden, sondern nur für solche, die in Ziffer 1 der Fahrzeugpapiere den Eintrag »Ackerschlepper« stehen haben.

3 Absichern von Arbeitsgeräten

Um Unfällen vorzubeugen und die Folgen von Zusammenstößen in Grenzen zu halten, müssen nach der Straßenverkehrs-Zulassungs-Ordnung (StVZO) alle Fahrzeuge so gebaut und ausgerüstet sein, daß niemand geschädigt oder »mehr als unvermeidbar« gefährdet werden kann. Ganz besonders gilt das für solche Teile, die über den Umriß des Fahrzeuges hinausragen.

Beim landwirtschaftlichen Arbeitsgerät ist das allerdings leichter gesagt als getan. Scharfe Schneiden, Spitzen und Kanten sind hier an der Tagesordnung, weil die Maschine sonst nicht funktionieren könnte. Oft muß sie auch so groß sein, daß sie weit über den Traktor hinausreicht – sei es nach rückwärts oder an den Seiten. Nur so läßt sich eine vernünftige, an leistungsstarke Traktoren angepaßte Arbeitsleistung erreichen.

Zusätzliche Maßnahmen sind also vonnöten, um einerseits den Unfallschutz und andererseits die Anforderungen der Landwirtschaft auf einen vernünftigen Nenner zu bringen. Deshalb hat das Bundesverkehrsministerium ein »Merkblatt für Anbaugeräte« herausgebracht, ebenso einen »Beispielkatalog über die Absicherung verkehrsgefährdender Teile an Fahrzeugen der Land- und Forstwirtschaft«. Dazu kommen natürlich noch die Vorschriften des allgemeinen Verkehrsrechtes und der landwirtschaftlichen Berufsgenossenschaften.

Diese Bestimmungen zusammenzustellen und richtig anzuwenden, ist eine mühsame Aufgabe. Wir wollen sie Ihnen erleichtern – mit einer geordneten Übersicht und Erläuterungen der verkehrsrechtlichen Forderungen, die es beim Absichern von Anbau- und Anhängegeräten zu beachten gilt. Ein intensives Studium der folgenden Grundsätze spart Geld und Ärger.

3.1 Erster Grundsatz: Einklappen oder Abdecken

Der erste Grundsatz für das Absichern gefährlicher Teile während der Fahrt muß lauten: Einklappen oder Abdecken. Hier sind natürlich die Hersteller von Anhänge- und Anbaugeräten gefordert, die nötige Vorsorge zu treffen. Wer bereits beim Kauf darauf achtet, spart sich nachträglich manchen Ärger und Kosten. Moderne Eggen-Kombinationen lassen sich so **zusammenfalten,** daß die Spitzen nach innen oder unten weisen; zum Maisgebiß oder Mähwerk gibt es einen passenden **Schutzbalken** und für die Walzen am Heck des Stalldungstreuers einen schützenden **Überwurf** aus Stahlblech.

Natürlich können solche Einrichtungen nur dann ihren Zweck erfüllen, wenn man sie instand hält und sich ihrer auch bedient. Eine verklemmte Abdeckplatte ist genauso nutzlos wie ein vergessener Schutzbalken. Nach einem Verkehrsunfall kann das eine wie das andere zu Regreßforderungen des Haftpflichtversicherers führen – also schwer an den eigenen Geldbeutel gehen. Auch bei Einzelanfertigungen und Eigenbauten von Arbeitsgeräten muß man auf eine Sicherung scharfer und spitzer Teile nach dem Motto bedacht sein: »Abdeckung oder Einklapp-Gelenke für die Straßenfahrt vorsehen.«

Erst wenn die Teile mehr als 2 m hoch über der Fahrbahn angebracht sind, läßt sich auf eine spezielle Absicherung verzichten. Doch auch hier keine Regel ohne Ausnahme: Betätigungshebel land- und forstwirtschaftlicher Fahrzeuge dürfen während der Fahrt niemals seitlich abstehen – egal in welcher Höhe. Um diese Forderung zu erfüllen, kann man zum Beispiel das Hebelende mit einer Lasche abdecken oder es so ausbilden, daß es sich im Aufbau versenken läßt.

Abb. 24 Solche Schneiden können bei einem Unfall tödlich auf Motorrad- und Radfahrer wirken.

Abb. 25 Zuverlässige Abhilfe schafft eine solche fest montierte und klappbare Abdeckung.

Abb. 26   Auch diese Abdeckung schützt zuverlässig vor den scharfen Zinken des Arbeitsgerätes.

Abb. 27   Für Mähwerke gibt es ebenfalls geeignete Schutzhauben für den Straßenverkehr.

Abb. 28 Als geeignete Mittel haben sich die bekannten reflektierenden Warntafeln mit weiß-roten Schrägbalken und 423 mm Kantenlänge erwiesen.

3.2 Zweiter Grundsatz: Kenntlich machen

Bei einem Anbaupflug, einem Kreiselzetter und manch anderem Ackergerät ist es allerdings oft ein Ding der Unmöglichkeit, sämtliche Schneiden, Zinken oder Kanten zu »entschärfen«. In solchen Fällen will dann der zweite Absicherungs-Grundsatz beherzigt sein: Vorstehende Teile sind *besonders kenntlich zu machen,* damit sie den anderen Verkehrsteilnehmern schon von weitem auffallen. Für diesen Zweck haben sich die bekannten, reflektierenden **Warntafeln** mit weiß-roten Schrägbalken am besten bewährt. Zulässig sind sie in drei Formaten:

▶ Als Quadrat (423 mm Kantenlänge);
▶ als Rechteck (mindestens 282 mm Breite und 564 mm Höhe);
▶ wenn erforderlich, auch als schmalhohe Tafel (mindestens 141 mm Breite und 800 mm Höhe).

Die Tafeln sollen höchstens 150 cm über der Straße angebracht werden und mit dem Umriß des Fahrzeuges beziehungsweise seiner hinausragenden Teile abschließen. Sie sind also möglichst weit außen zu montieren – aber natürlich nicht so, daß sie das Fahrzeug noch breiter oder höher machen. Damit sich die Warntafeln während der Feldarbeit abnehmen lassen, kann man entsprechende Halterungen vorsehen. Aber Achtung: Beim Wieder-Aufstecken muß man darauf achten, daß die roten und weißen Balken *schräg von oben-innen nach unten-außen* verlaufen – und nicht umgekehrt!

Wo aber sind die Warntafeln fürs Absichern gefährlicher Teile im Einzelfall anzubringen, etwa beim angehängten Kreiselzetter oder einem angebauten Grubber? Näheres dazu findet sich im Abschnitt 3.4 »Absicherungs-Hinweise von A – Z«. Dort sind die Warntafel-Vorgaben für gefährliche Teile an den gängigsten Arbeitsgeräten alphabetisch

52

Abb. 29 Die Warntafeln sind möglichst weit außen zu montieren und immer so, daß die roten und weißen Balken schräg von oben-innen nach unten-außen laufen.

aufgelistet. Ergänzende Empfehlungen in diesem Abschnitt 3.4 sollen helfen, auch bei anderen Anhänge- und Arbeitsmaschinen das Richtige zu tun.

Statt der beschriebenen Warntafeln sind übrigens auch **reflektierende Folien** oder **Anstriche** von gleicher Art und Größe erlaubt. Sie bieten einen Ausweg, wenn die Montage der Tafel an einer bestimmten Stelle Schwierigkeiten macht. Allerdings: Beim Arbeitseinsatz des Gerätes kann man natürlich die Anstriche und Folien nicht entfernen, Führt dies zu schnellerem Verschleiß, so heißt es beizeiten neu kleben und pinseln. Ab 1.1.1992 hat es allerdings mit dieser Vielfalt ein Ende, man darf dann nur noch quadratische Warntafeln mit 423 mm Kantenlänge verwenden. Noch vorhandene Tafeln im alten Format sowie Anstriche und Folien können bis Ende 1993 aufgebraucht werden.

Von verkehrsgefährdenden Teilen abgesehen, gilt der Grundsatz »Kenntlich machen« auch noch für einen anderen Fall. Ragt ein Anbaugerät mehr als 1 m **nach hinten** über die Schlußleuchten des Zugfahrzeuges hinaus, so ist sein Ende stets mit Warntafeln, Folien oder Anstrichen zu markieren. Hierfür verlangt die StVZO ein Mindestformat von 300 x 600 mm; hellrote Fahnen oder Schilder (300 x 300 mm) sowie hellrote Zylinder (300 mm Höhe, 350 mm Durchmesser) läßt sie ebenfalls zur Heckabsicherung des Anbaugerätes zu. Eines von diesen Mitteln wird übrigens auch verlangt, wenn ein Arbeitsgerät mit rückwärtigen Teilen mehr als 1 m über seine eigenen Schlußleuchten hinaussteht.

Schließlich, aber nicht zuletzt: Geht die **Breite** eines Anbau- oder Anhängegerätes über das erlaubte Höchstmaß von 3 m hinaus, so bedarf es ebenfalls einer besonderen Kenntlichmachung mit Warntafeln, Folien oder Anstrichen. Will der Landwirt ein solches »Breitformat« im öffentlichen Verkehr bewegen, muß er sich zunächst einmal

53

Abb. 30   Statt der reflektierenden Warntafeln sind auch entsprechende Anstriche oder Folien erlaubt.

Abb. 31   Auch bei Anbaugeräten, die weit nach hinten hinausragen, ist eine Kenntlichmachung notwendig.

um eine Ausnahmegenehmigung nach § 70 StVZO und um eine Straßenbenutzungs-Erlaubnis nach § 29 Straßenverkehrs-Ordnung (StVO) bei den zuständigen Behörden bemühen. Dort wird auch festgelegt, wie ein solches Gefährt kenntlich zu machen ist.

In diesem Zusammenhang noch ein Tip: Wenn man eine § 70-Ausnahme wegen Überschreitung der StVZO-Grenzen für Maße oder Gewichte eines Fahrzeuges braucht, frage man vorher den TÜV-Experten um Rat. Das gilt besonders, wenn man um mehr als 10 % über die Höchstwerte hinausgehen will. Denn die Meinung des TÜV holen die Behörden bei § 70-Ausnahmen ein, um sich an ihr zu orientieren. Also sich lieber erst erkundigen, als nachher erneut umbauen zu müssen.

3.3 Dritter Grundsatz: Beleuchten

Weil der Landwirt mit seinem Anbau- oder Anhängegerät ja nicht nur am hellen Tag unterwegs ist, sondern auch bei Nebel, Dämmerung oder Dunkelheit, muß er für das Absichern noch einen dritten Grundsatz befolgen: den einer ausreichenden Beleuchtung. Damit ihm bei der Feldarbeit die Lampengehäuse nicht dauernd zerschlagen oder verschmutzt werden, hat der Gesetzgeber eine praktische Lösung zugelassen – den **abnehmbaren Leuchtenträger.** Im land- und forstwirtschaftlichen Bereich sind solche Träger für alle Arten von Anhängern und Anbaugeräten erlaubt; sie dürfen Schluß- und Bremslicht, Blinker, Rückstrahler und – soweit erforderlich – sogar das Kennzeichen nebst Beleuchtung in sich vereinen. Um seinen Zweck erfüllen zu können, muß der Leuchtenträger senkrecht zur Fahrbahn und mittig am Fahrzeug angebracht sein.

Bei Arbeits- und Anbaugeräten läßt sich ein einzelnes Gestell für alle Lampen manchmal kaum montieren; in diesem Fall kann der Träger auch aus zwei Einheiten bestehen, also jeweils links und rechts in Form einer Hal-

terung mit aufsteckbarer Leuchteneinheit. Seit einiger Zeit gibt es für solche Halterungen eine eigene Norm, die DIN 11027. Sinnvoll ist es, solche abnehmbare Leuchtenkombinationen während der Arbeit auf dem Feld am Traktor unterzubringen; so lassen sie sich nämlich vor Beschädigungen am besten schützen.

Bevor wir nun ins Detail gehen, vorweg noch einige allgemeine Beleuchtungs-Gebote: Wird von einer Leuchtensorte eine paarweise Anbringung gefordert – also zum Beispiel zwei Schluß- oder Bremsleuchten –, so müssen beide die gleiche Farbe haben, mit gleich starken Lampen versehen sein und in gleicher Höhe über der Fahrbahn montiert werden. Von den Blinkern abgesehen, müssen sie auch gleichzeitig brennen. Außerdem sind sie links und rechts in gleichem Abstand zur Mitte des Fahrzeuges beziehungsweise des Gerätes anzubringen; es sei denn, daß dieses eine unsymmetrische Form hat. Was die Höhenvorgaben der StVZO für die Montage betrifft, so beziehen sie sich auf das unbeladene Fahrzeug oder Gerät.

Im Blick auf die **Beleuchtung von Anbaugeräten** ist zunächst einmal zu fragen: Verdeckt das Gerät die Beleuchtungseinrichtungen oder das Kennzeichen der Zugmaschine? Wenn ja, müssen diese Einrichtungen und das Kennzeichen nebst Beleuchtung am Anbaugerät nochmals angebracht werden. Welche Montage-Maße dabei gelten, ist unserer Tabelle 4 »Leuchten, Rückstrahler, Kennzeichen; Abstands- und Höhenmaße« zu entnehmen (Seite 58).

Bleiben Beleuchtung und Kennzeichen der Zugmaschine unverdeckt, so hängt es von der Breite und Länge des Anbaugerätes ab, ob zusätzlich Lichtquellen vonnöten sind. Im einzelnen gilt:

▶ Ragt das hintere Ende des Anbaugerätes mehr als 1 m über die Schlußleuchten der Zugmaschine hinaus, so braucht man ein weiteres *Schlußlicht* und einen zusätzlichen *Rückstrahler*. Das erstere darf – am oberen Rand gemessen – höchstens

Abb. 32 Eine praktische Hilfe für den Landwirt zur richtigen Beleuchtung von Arbeitsgeräten ist der abnehmbare Leuchtenträger.

Abb. 33 Durch eine Aufnahmevorrichtung und elektrische Steckverbindungen läßt sich der Leuchtenträger schnell und problemlos am Fahrzeug anbringen.

Abb. 34 Steckvorrichtungen für Leuchteneinheiten verhindern ein Verschmutzen und Zerstören der Leuchte während des Arbeitseinsatzes.

Abb. 35 Bei einem hinten hinausragenden Anbaugerät ist zusätzlich eine Schlußleuchte und ein Rückstrahler zu montieren.

155 cm (bei neueren Anbaugeräten ab 1.1.1990 höchstens 150 cm) über der Fahrbahn montiert werden, der letztere nicht weiter als 90 cm von der Straße entfernt sein. Soweit möglich, sind beide mittig zwischen der linken und rechten Spur des Fahrzeuges anzubringen. Das zusätzliche Schlußlicht kann dann, wenn eine Beleuchtung nicht nötig ist, abgenommen werden.

▶ Ist das Gerät so breit, daß es seitlich um mehr als 40 cm über die Begrenzungs- und Schlußleuchten hinausreicht, so muß es vorne 2 eigene *Begrenzungsleuchten* haben und hinten 2 *Schlußleuchten* sowie 2 *Rückstrahler.* Die Obergrenze für die Leuchten-Montage liegt ebenfalls bei 155 cm (für neue Anbaugeräte ab 1.1.1990 bei 150 cm); bei den Rückstrahlern ist ebenfalls wieder ein Maß von höchstens 90 cm über der Fahrbahn einzuhalten. Im übrigen darf der äußere Rand bei allen diesen Beleuchtungseinrichtungen nicht weiter als 40 cm von der breitesten Stelle des Anbaugerätes entfernt sein.

Was die **Beleuchtung von Anhängegeräten** betrifft, so ist sie – von ein paar Vereinfachungen abgesehen – die gleiche wie bei den Transportanhängern der Land- und Forstwirtschaft. Das bedeutet: An der Rückseite sind 2 *Schlußleuchten* und 2 *Rückstrahler* erforderlich. Außer bei Bodenbearbeitungsgeräten müssen die Rückstrahler fest am Arbeitsgerät angebracht sein. 2 *Blinker* bzw. ein *Kennzeichen nebst Beleuchtung* werden dann verlangt, wenn das Anhängegerät diese Einrichtungen am ziehenden Fahrzeug verdeckt. Liegt die bauartbedingte Höchstgeschwindigkeit der Zugmaschine bei mehr als 25 km/h, so müssen außerdem noch 2 *Bremsleuchten* montiert werden.

Ab dem 1.1.1988 gilt übrigens die Bremsleuchten-Forderung für sämtliche Anhängegeräte, die von diesem Termin an neu in Verkehr kommen. Zieht man mehrere Anhängegeräte hinter dem Traktor her, so sind Schluß- und Bremsleuchten nur am letzten Gerät notwendig.

Zwei eigene *Begrenzungsleuchten* muß man **vorne am Gerät** anbringen, wenn es so breit ist, daß es seitlich um mehr als 40 cm über die Begrenzungsleuchten (Standlicht) des Zugfahrzeuges hinausragt. Bei Anhängegeräten, die nach dem 31.12.1980 neu in den Verkehr gekommen und länger als 6 m sind, werden überdies noch *gelbe Rückstrahler* an jeder Längsseite verlangt. Wie viele es sein müssen, bemißt sich nach der Länge des Gerätes, denn mindestens ein Rückstrahler muß im mittleren Drittel des Gerätes angebracht sein: einer in höchstens 1 m Distanz zur Hinterkante und einer in höchstens 3 m Entfernung zum Vorderende der Zugeinrichtung. Im Übrigen darf ein Seiten-Rückstrahler vom nächsten nicht mehr als 3 m entfernt sein.

Gleiches gilt übrigens auch für land- und forstwirtschaftliche Zugmaschinen. Bei Langsamläufern bis 30 km/h allerdings erst für Neufahrzeuge seit dem 1.1.1989. Bei angehängten land- und forstwirtschaftlichen Bodenbearbeitungsgeräten sind auch abnehmbare seitliche Rückstrahler erlaubt.

Weil ein Mehr an Leuchten und reflektierenden Mitteln stets auch mehr Sicherheit bei schlechter Sicht verheißt, sei noch in Stichworten erwähnt, was an Anhängegeräten **freiwillig** angebracht werden darf. Selbstverständlich ist die Nachrüstung älterer Geräte mit Einrichtungen erlaubt, die bei neueren bereits Pflicht sind, zum Beispiel mit den erwähnten Seiten-Rückstrahlern. An der Vorderseite sind 2 weiße Rückstrahler zur Ergänzung der Beleuchtung statthaft; an den Längsseiten von Geräten über 180 cm Breite sind auch Umrißleuchten zulässig. Diese Leuchten können anderen Verkehrsteilnehmern helfen, die Umrisse des Gerätes besser abzuschätzen. Ein oder zwei Rückfahrscheinwerfer bzw. Nebelschlußleuchten am Heck von Anhängegeräten sind ebenfalls nicht verboten, wohl aber die Montage von Arbeitsscheinwerfern. Im landwirtschaftlichen Bereich sind nämlich solche Scheinwerfer den Zugmaschinen,

Abb. 36/37   Wie hilfreich reflektierende Warntafeln auch bei Dunkelheit oder in der Dämmerung sind, zeigen diese beiden Bilder.

Tabelle 4

Abstands- und Höhenmaße für Leuchten, Rückstrahler und Kennzeichen

Art der Einrichtung	Zahl	Höhe über Fahrbahn maximal cm	minimal cm	Abstand zum Umriß maximal cm	Anmerkungen
Begrenzungsleuchte (§ 51 StVZO)	2	150 (210)	35	40 (anzustreben sind 15)	Wirkung nach vorne, weißes Licht
Umrißleuchte (§ 51b StVZO) nur zulässig, wenn Fahrzeugbreite über 180 cm	2 weiße 2 rote oder 2 kombinierte	so hoch wie nötig		möglichst klein	Wirkung nach vorne weiß, nach hinten rot; Abstand zu Begrenzungs- und Schlußleuchten größer als 20 cm
Rückstrahler vorne (§ 51 StVZO)	2	90 (150)	35	40 (anzustreben sind 15)	weiß, nicht dreieckig
Rückstrahler seitlich (§ 51a StVZO)	nach Fahrzeuglänge	90 (150)	–	–	gelb, nicht dreieckig
Rückstrahler hinten (§ 53 StVZO)	2 (2 + 2)	90 (90 für ein Paar)	–	40 (40 für ein Paar)	rot, dreieckig oder nicht dreieckig; (bei 2 + 2: ein Paar möglichst niedrig mit 40 cm maximalem Abstand zum Umriß; ein Paar möglichst weit auseinander in maximal 90 cm Höhe)
Schlußleuchte (§ 53 StVZO)	2	150 (210)	35	40	2 zusätzliche Schlußleuchten über 150 cm Höhe erlaubt
Bremsleuchte (§ 53 StVZO)	2	150	35	–	2 zusätzliche Bremsleuchten über 100 cm Höhe erlaubt
Blinker = Fahrtrichtungsanzeiger (§ 54 StVZO)	2	150 (210)	40	40	Abstand zwischen Blinkern (Innenrand) mindestens 60 cm
Kennzeichen mit Beleuchtung (§ 60 StVZO)	1	120 gegebenenfalls höher	30	–	Größe abhängig von Zahlen-Buchstaben-Kombination; größtes Format bis 30 km/h 13 x 24 cm; darüber 20 x 34 oder 11 x 52 cm
Rückfahrscheinwerfer (§ 52a StVZO)	1 oder 2	120	25	–	weißes Licht, Leuchtweite 10 m nach hinten bei Anbauscheinwerfer
Nebelschlußleuchte (§ 53d StVZO)	1 oder 2	100	25	–	Abstand zu Bremsleuchten größer als 10 cm; bei nur einer Leuchte: Montage in der Mitte oder links davon

den selbstfahrenden Arbeitsmaschinen, beispielsweise Mähdreschern, und mehrspurigen Fahrzeugen mit einem Gesamtgewicht über 3,5 t vorbehalten.

Soweit nicht schon im Text erwähnt, sind die wesentlichen Abstands- und Höhenmaße für die **Montage** von Leuchten, Rückstrahlern und Kennzeichen an Anhängegeräten in der Tabelle 4 zusammengefaßt.

Die Tabelle 4 gilt auch für Anbaugeräte, wenn diese die Beleuchtung bzw. das Kennzeichen der Zugmaschine verdecken. Dann sind – wie schon erwähnt – die verdeckten Einrichtungen am Anbaugerät zu wiederholen.

Für das Verständnis unserer Tabelle ist weiter wichtig:

- Das *maximale Höhenmaß* nennt den größtmöglichen Abstand zwischen der Fahrbahn und dem oberen Rand von Leuchte, Rückstrahler oder Kennzeichen.
- Das *minimale Höhenmaß* gibt den kleinstmöglichen Abstand zwischen der Fahrbahn und dem unteren Rand von Leuchte, Rückstrahler oder Kennzeichen an.
- Das *maximale Abstandsmaß* in unserer Tabelle bezeichnet die höchstzulässige Entfernung zwischen dem äußeren Rand der Leuchte oder des Rückstrahlers und dem Geräte-Umriß an dessen breitester Stelle.
- *In Klammern* gesetzte Zahlen und Maße gelten dann, wenn es die Konstruktion des Gerätes nicht erlaubt, die an sich vorgeschriebenen Werte einzuhalten.
- Die Angabe der *zugehörigen StVZO-Paragraphen* in der Tabelle erleichtert das Nachschlagen, wenn zusätzliche Informationen benötigt werden. Auch der TÜV gibt gerne Rat, wenn Montage-Probleme auftreten.

Ragt die *hinterste Kante des Gerätes* mehr als 1 m über dessen Schlußleuchten, Rückstrahler oder Bremsleuchten hinaus, so muß eine weitere Leuchte der betreffenden Art beziehungsweise ein weiterer Rückstrahler montiert werden: Möglichst in der vorgeschriebenen Höhe (siehe Tabelle 4), möglichst weit hinten und möglichst in der Mitte zwischen den Fahrzeugspuren.

Werden *zwei Anhängegeräte* an eine Zugmaschine gekoppelt, so braucht das Kennzeichen mit seiner Beleuchtung nur am hintersten Gerät angebracht zu werden. Auch Blinker sind nur am letzten Anhängegerät erforderlich, sofern die bauartbestimmte Höchstgeschwindigkeit der Zugmaschine nicht über 25 km/h liegt oder das Gerät mit 25 km/h-Schildern gekennzeichnet ist.

Hinweise auf zweckmäßige Leuchtenkombinationen und Anordnungen bei der Verwendung von Leuchtenträgern gibt die DIN-Norm 11027; ihr sind auch genaue Vorgaben für die Montage solcher Träger zu entnehmen. (Die Norm kann vom Beuth-Verlag, Burggrafenstraße 4 – 10, 1000 Berlin 30, bezogen werden.)

3.4 Absicherungs-Hinweise von A – Z

Kauft der Landwirt ein Arbeitsgerät von der Industrie, so wird die Betriebserlaubnis in der Regel alle wichtigen Hinweise zur Absicherungs-Frage enthalten. Auch beim TÜV sowie beim Hersteller oder dessen Niederlassung kann er sich Rat holen, zum Beispiel dann, wenn das Gerät seinen Traktor teilweise verdeckt und deshalb mit zusätzlichen Beleuchtungseinrichtungen bestückt werden muß.

Eine stattliche Zahl von Arbeitsgeräten entsteht allerdings in **Einzel-** oder **Eigenproduktion;** spätere Umbauten in Eigenregie sind ebenfalls nicht selten. Hier verlangt das Absichern eine gehörige Portion Denkarbeit und Kenntnis der Vorschriften. Ehe man dabei in einer Sackgasse landet, ist es gut, mit einer Fachwerkstatt oder dem TÜV Kontakt aufzunehmen, damit nicht Zeit und Geld vergebens aufgewendet sind.

Nützlich sind in diesem Zusammenhang auch zwei Hinweise, die das *Bundesverkehrsministerium* herausgebracht hat. Seine »Richtlinien über die Beschaffenheit und

Abb. 38 Dieser Stalldungstreuer ist der Gruppe b) zugeordnet. Die fest montierte, klappbare Abdeckung des Streuwerkes reicht aus, eine besondere Kenntlichmachung kann unterbleiben.

Anbringung der äußeren Fahrzeugteile« erläutern, wie Vorbaupumpen und -winden sowie Mähwerke und -messer geschützt werden müssen. Dazu kommt ein »Beispielkatalog über die Absicherung verkehrsgefährdender Teile an Fahrzeugen der Land- und Forstwirtschaft«. Er teilt die gebräuchlichsten Arbeitsgeräte des Landwirts in fünf Gruppen ein, nämlich:

Gruppe a: Geräte, an denen keine verkehrsgefährdenden Teile besonders zu schützen oder kenntlich zu machen sind.

Gruppe b: Geräte, bei denen ein Schutz verkehrsgefährdender Teile (Abdeckung, Einklapp-Konstruktionen) erforderlich, eine besondere Kenntlichmachung dieser Teile aber nicht nötig ist.

Gruppe c: Geräte, bei denen verkehrsgefährdende Teile geschützt und kenntlich gemacht werden müssen.

Gruppe d: Geräte, bei denen technische Gründe dem Schutz verkehrsgefährdenden Teile im Wege stehen – eine besondere Kenntlichmachung also erst recht notwendig ist.

Gruppe e: Geräte, bei denen ein Schutz verkehrsgefährdender Teile technisch nicht vertretbar und eine Kenntlichmachung nicht ausreichend ist. Diese Geräte dürfen auf öffentlichen Straßen und Wegen nicht gefahren werden.

Was die Richtlinien und der Beispielkatalog von den verschiedenen Anbau- und Anhängegeräten verlangen, ist dem folgenden Stichwortverzeichnis zu entnehmen. Aber wie schon ihr Name besagt, befassen sich diese beiden Verlautbarungen des Bundesverkehrsministeriums allein mit verkehrsgefährdenden Teilen. Dabei beschränken sie sich auf allgemeine Hinweise zur Konstruktion, zur Entschärfung durch Abdeckungen und ähnliche Maßnahmen sowie zur Kenntlichmachung durch reflektierende Warntafeln.

Abb. 39 Auch das Seitenanbaumähwerk muß als Vertreter der Gruppe b) nur durch einen Fingerbalkenschutz abgedeckt, nicht jedoch besonders gekennzeichnet sein.

Abb. 40 Das überbreite Front-Anbaumähwerk ist in Gruppe c) eingestuft: Ein Schutz sowie eine besondere Kenntlichmachung sind erforderlich.

Abb. 41/42   Bei diesem Anbaugerät stehen technische Gründe einer Abdeckung im Wege. Deshalb muß das Teil nach Gruppe d) besonders kenntlich gemacht werden.

Zusätzlich sind also immer auch die in den bisherigen Abschnitten beschriebenen Beleuchtungs-Gebote zu beachten – und ebenso die sonstigen StVZO-Vorschriften, zum Beispiel für überlange und überbreite Fahrzeuge.

Anbaupflüge: Siehe Pflüge.

Aufsammelpressen: Angehängte Aufsammelpressen sind in der Gruppe a) des Beispielkataloges eingeordnet (Schutz/Kenntlichmachung verkehrsgefährdender Teile nicht notwendig).

Aufsattelpflüge: Siehe Pflüge.

Balkenmähwerke: Siehe Mähwerke.

Beregnungsmaschinen: Angehängte Schlauchtrommeln mit nachlaufendem Regner finden sich in der Gruppe d) des Beispielkataloges. Eine Warntafel am Ende des Regners ist bei Straßenfahrten erforderlich.

Drillmaschinen: Angebaute Drillmaschinen stuft der Beispielkatalog in Gruppe d) ein. Zwei Warntafeln am linken und rechten Ende der Maschine sind bei Straßenfahrten erforderlich.

Düngerstreuer: Siehe Streuer.

Eggen: Angehängte Eggen-Kombinationen neuerer Bauart (Breite höchstens 3 m) ordnet der Beispielkatalog der Gruppe d) zu. Zwei Warntafeln am linken und am rechten Ende der Kombination sind bei Straßenfahrten erforderlich; sie müssen auch von vorne sichtbar sein. Ältere Konstruktionen, deren Zinken in Transportstellung nach außen weisen, stuft der Katalog in Gruppe e) ein (Fahrten auf öffentlichen Straßen nicht zulässig).

Feldhäcksler: Anbau-Feldhäcksler sind in Gruppe c) des Beispielkataloges zu finden. Für Straßenfahrten benötigen sie vorne eine Schutzverkleidung ihrer scharfen oder spitzen Teile und hinten eine Warntafel.

Frontanbaugeräte: Siehe Hackmaschinen, Mähwerke.

Grubber: Angebaute Grubber gehören zur Gruppe d) des Beispielkataloges. Für Straßenfahrten werden zwei Warntafeln am linken und rechten Ende des Gerätes verlangt; diese müssen auch von vorne sichtbar sein.

Hackmaschinen: Hackmaschinen im Frontanbau sind der Gruppe d) zugeordnet. Für Straßenfahrten benötigen sie links und rechts vorne zwei Warntafeln; diese müssen auch von hinten sichtbar sein.

Kartoffel-Sammelroder: Angehängte Kartoffel-Sammelroder sind in Gruppe a) des Beispielkataloges eingestuft (Schutz/Kenntlichmachung verkehrsgefährdender Teile nicht notwendig).

Kreiselmähwerke: Siehe Mähwerke.

Kreiselzetter: Angehängte Kreiselzetter ordnet der Beispielkatalog in Gruppe d) ein. Zwei Warntafeln am linken und rechten Ende des Gerätes sind bei Straßenfahrten erforderlich; sie müssen auch von vorne sichtbar sein.

Mähwerke / Mähmesser: Je nach ihrer Anbaulage stuft der Beispielkatalog diese Geräte unterschiedlich ein. Es finden sich

- Balkenmähwerke im Frontanbau bei Gruppe b); eine besondere Kenntlichmachung wird hier nicht verlangt, wohl aber eine Schutzverkleidung des Mähbalkens (DIN-Norm 11349).

- Kreiselmähwerke im Frontanbau unter Gruppe a) (Schutz/Kenntlichmachung verkehrsgefährdender Teile nicht notwendig).

- Seitenanbau-Mähwerke in Gruppe b); ein Fingerbalkenschutz (DIN 11346) wird bei ihnen gefordert, eine besondere Kenntlichmachung aber nicht.

Eine Absicherung der Finger- bzw. Klingenspitzen mit einem mindestens 5 cm breiten Schutz nach DIN 11349 fordern auch die Fahrzeugteile-Richtlinien, und zwar für alle Arten von »freiliegenden Mähwerken«. Überdies verlangen sie eine »ausreichende Schutzvorrichtung« für die Spitzen von Außenschuhen und Halmteilern.

Pflanzenschutz-Spritzen: Angebaute Pflanzenschutz-Spritzen ordnet der Beispielkatalog in die Gruppe d) ein. Zwei Warntafeln am linken und rechten Ende des Gerätes sind für Straßenfahrten erforderlich; sie müssen auch von vorne sichtbar sein.

Pflüge: Anbaupflüge und nachlaufende

Pflüge mit Stützrädern (Aufsattelpflüge) finden sich in der Gruppe d) des Beispielkataloges. Für Straßenfahrten wird bei Anbaupflügen eine Warntafel am linken, der Fahrbahn zugewandten Ende des Gerätes verlangt. Aufsattelpflüge sind hinten mit einer Warntafel in der Mitte kenntlich zu machen.

Pumpen: Siehe Vorbaupumpen.

Sämaschinen: Angebaute Sämaschinen zählen zur Gruppe d) des Beispielkataloges. Daher sind zwei Warntafeln am linken und rechten Ende der Maschine für die Straßenfahrt vonnöten. Bei schmalen Geräten, die seitlich nicht über den Zugmaschinen-Umriß hinausragen, tut es auch eine solche Tafel an der Rückseite.

Seitenanbau-Mähwerke: Siehe Mähwerke.

Spritzen: Siehe Beregnungsmaschinen und Pflanzenschutzspritzen.

Stalldungstreuer: Siehe Streuer.

Streuer: Im Beispielkatalog finden sich

- Anbau-Düngerstreuer unter Gruppe a) (Schutz / Kenntlichmachung verkehrsgefährdender Teile nicht notwendig);
- angehängte Stalldungstreuer bei Gruppe b); für die Straßenfahrt muß das Streuwerk abgedeckt sein, eine besondere Kenntlichmachung wird nicht verlangt.

Vorbaupumpen und **-winden:** Für Vorbaupumpen und Vorbauwinden fordern die Fahrzeugteile-Richtlinien einen Schutzrahmen, der keine Spitzen und scharfen Kanten haben darf. Bei Straßenfahrten muß das Gerät zusätzlich noch mit einer Schutzabdeckung versehen sein, zum Beispiel einer Blechhaube oder einem Segeltuch, das an der Stirnseite gepolstert ist. Der Hebel der Pumpe beziehungsweise die Umlenkrollen und Zughaken der Winde dürfen nicht über den Schutzrahmen hinausragen; auch sonstige vorstehende Teile müssen innerhalb des Rahmens bleiben. Auf den Schutzrahmen und die Abdeckung kann nur dann verzichtet werden, wenn die gesamte Vorbaupumpe oder -winde von Haus aus so glattflächig ist, daß ein »aufprallender Körper ungehindert abgleiten kann«.

Winden: Siehe Vorbaupumpen und -winden.

Zetter: Siehe Kreiselzetter.

Drei zusätzliche Hinweise sollen das Stichwortregister abrunden:

- Soweit der Beispielkatalog verlangt, daß *Warntafeln* von vorne und von hinten sichtbar sein müssen, bieten sich Ausführungen an, die auf beiden Seiten mit den vorgeschriebenen weiß-roten Schrägbalken versehen sind. Verdeckt allerdings ein Geräteteil die eine Seite der Tafel, so scheidet diese Lösung aus. Dann heißt es, zwei Warntafeln anzubringen, und zwar so, daß die eine von vorne und die andere von hinten zu sehen ist.

- Teile von Anbau- oder Anhängegeräten, die mehr als 1 m nach hinten über die Schlußleuchten *hinausragen*, sind – wie schon eingangs erwähnt – in jedem Fall mit einer Warntafel abzusichern.

- Zusätzliche Angaben zur richtigen *Montage* von Warntafeln finden sich im Abschnitt 3.2 »Kenntlich machen«. Wie dort beschrieben, dürfen im übrigen auch Folien oder Anstriche von gleicher Art und Größe statt der Warntafeln angebracht werden.

Daß der Beispielkatalog und die Fahrzeugteile-Richtlinien nicht jedes landwirtschaftliche Anbau- und Anhängegerät erfassen können, liegt auf der Hand. Dafür ist die Fülle der Formen und Formate einfach zu groß. Was also, wenn verkehrsgefährdende Teile an einem Gerät abzusichern sind, das nicht vom Beispielkatalog erfaßt ist? Oft wird man in solchen Fällen die Hinweise nutzen können, die der Katalog für artverwandte Konstruktionen macht. Wenn nicht, helfen zwei Leitsätze weiter:

▶ Läßt sich hinter oder – bei Frontanbau – auch vorne ein gefährliches Teil nicht entschärfen, so mache man es mit einer Warntafel an der Seite kenntlich, die der Straße zugewandt ist.

▶ Ragen Teile des Gerätes um mehr als 40 cm über den seitlichen Umriß der Zug-

Abb. 43   Seitlich hinausragende Anbauteile sind auch nach vorne kenntlich zu machen.

maschine hinaus, so zeige man dies dem Verkehr mit Warntafeln an – bei beiderseitigem Hinausragen natürlich an der linken und an der rechten Seite.

3.5 Die Straßenfahrt vorbereiten

Vergeßlichkeit kann die beste Schutzhaube, die größte Warntafel und den schönsten Leuchtenträger wirkungslos machen. Eine kurze **Kontrolle vor der Abfahrt** vom Hof sollte deshalb selbstverständlich sein. Dabei kommt es auf 4 Punkte an:

▶ Sind alle *Abdeckungen* am Gerät angebracht?
▶ Sind die beweglichen Teile in *Transportstellung?*
▶ Sind die erforderlichen *Warntafeln* seitenrichtig aufgesteckt?
▶ Sind die nötigen *Leuchtenträger* an Bord?

Abb. 44   Vor jeder Straßenfahrt empfiehlt sich eine Kontrolle, ob alle Anbauteile in Fahrstellung und die Warntafeln korrekt angebracht sind.

Die gleiche Prüfung ist natürlich auch nach getaner Feldarbeit geboten, ehe es zurück auf die Straße geht. Und: Fällt die Dämmerung oder plötzlicher Nebel ein, so heißt es die Fahrt unterbrechen, um die Leuchtenträger anzubringen, einzuschalten und auch einen kurzen Kontrollgang um das Fahrzeug nicht zu scheuen. Wer mit Arbeitsgerät unterwegs ist, muß nämlich nicht nur an die eigene Sicht denken, sondern vor allem auch daran, daß ihn die anderen Verkehrsteilnehmer beizeiten erkennen können.

4 Bremsen bei landwirtschaftlichen Fahrzeugen

4.1 Richtiger Abstand: Auch beim Traktor wichtig

Daß Bremsen auch beim Traktor und beim landwirtschaftlichen Anhänger ein Thema sind, zeigt ein Blick in die Beanstandungsquoten beim TÜV ebenso wie die amtliche Unfallstatistik. Leider meinen immer noch zu viele, bei Tempo 25 kann ja kaum etwas passieren. Wird es aber dann doch einmal notwendig, kräftig in die Eisen – sprich aufs Bremspedal – zu steigen, so findet man sich nicht selten im Straßengraben wieder. Die Bremse brachte nicht das, was sie sollte; sei es, weil sie schlecht gewartet war oder weil bei der Zugzusammenstellung ein Fehler gemacht wurde.

Jeder Landwirt weiß aus eigener Erfahrung, daß es auf dem Hof nicht nur Anhänger verschiedener Größe und Gewichte, sondern auch mit recht unterschiedlichen Bremssystemen gibt. Deshalb ist es oft so schwierig, einen fahrsicheren Zug zusammenzustellen. Die nächsten Seiten, die die unterschiedlichen **Bremssysteme** bei landwirtschaftlichen Fahrzeugen zum Thema haben, sollen dabei Tips und Hilfestellung bieten.

Der Verordnungsgeber behandelt Fahrzeuge bis zu 25 km/h recht großzügig: Nach § 41 der Straßenverkehrs-Zulassungs-Ordnung (StVZO) darf die sog. »mittlere Verzögerung«, also das Maß für die Wirkung der Bremse, um 40 % geringer sein als beispielsweise beim Pkw oder Lastwagen.

Geringere Bremsen-Anforderungen bedeuten jedoch zwangsläufig einen längeren **Bremsweg.** Dies läßt sich auch durch die niedrige Geschwindigkeit nicht so einfach ausgleichen, wie das Beispiel der Abb. 45 zeigt.

Eine Zugmaschine mit Anhänger braucht aus 25 km/h immerhin einschließlich der Reaktionszeit und der Spanne für das Umsteigen vom Gas- auf das Bremspedal die stattliche Strecke von 26,5 m zum Anhalten. Dies wohlgemerkt dann, wenn die Bremsanlage in Ordnung ist und die gesetzlichen Mindestwerte einhält. Ein Pkw dagegen tut sich mit dem Bremsen wesentlich leichter, er steht auf trockener Straße sogar aus 50 km/h bereits nach gut 23 m: Um einiges früher also als der Traktor mit seinem Anhänger. Erst ein Sicherheitsabstand von mindestens 30 m gibt dem Landwirt deshalb bei vollbeladenem Zug die Sicherheit, bei einer Notbremsung nicht in unangenehmen Kontakt mit dem Vordermann zu kommen.

Deshalb heißt es, auch mit dem 25 km/h-Zug vorausschauend zu fahren und die Bremsanlagen mit Sorgfalt zu warten. Haben Nässe und Rost ihr Werk getan, sieht es nämlich beim Bremsen meist noch etwas kritischer aus als in unserem kleinen Rechenbeispiel. Wer es an der nötigen Pflege fehlen läßt, der braucht sich nicht zu wundern, wenn zwischen dem Tritt aufs Bremspedal und dem Stillstand des Zuges eine »halbe Ewigkeit« vergeht, der Anhänger die

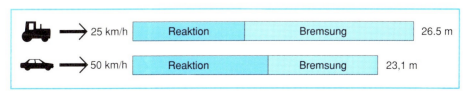

Abb. 45   Bremsweg eines Pkw und eines Traktors mit beladenem Anhänger.

Abb. 46   So sieht das Innere der Radbremse eines Anhängers aus. Regelmäßige Wartung verhindert ein Festgehen der bewegten Teile und damit ein Bremsversagen.

Zugmaschine aus der Kurve schiebt oder der Hänger ausbricht.

Wie läßt sich nun aber feststellen, ob die Bremse funktioniert? Am einfachsten und genauesten geht es natürlich mit dem *Rollenprüfstand,* wie ihn der TÜV oder manche größere Werkstatt hat. Dabei kann man nicht nur bequem die Bremswerte ablesen, sondern mit einiger Erfahrung meist auch schon erkennen, woran es hapert. Wer nun aber ohne Prüfstand wissen will, ob sein Zug ordentlich bremst, dem kann ebenfalls geholfen werden. Auch auf der Straße läßt sich leicht die **Bremsprobe** aufs Exempel machen: Eine ebene, trockene, wenig befahrene Strecke, dazu am Straßenrand drei Markierungen, und schon kann es losgehen.

Die erste Marke wird beim Punkt Null gesetzt, die zweite nach 2,5 m und die dritte schließlich nach 16 m. Tritt man nun beim Passieren der ersten Markierung voll auf die Bremse, so muß der beladene Zug bei Tempo 25 spätestens nach 16 m stehen (die Reaktionszeit aus Abb. 45 entfällt hier natürlich!). Bei 10 km/h muß er es bis zu 2,5 m-Marke geschafft haben. Ist der Bremsweg länger oder läuft der Zug bei der Probe aus der Spur, so stimmt etwas nicht. Natürlich sollte dieser Bremsentest nur dann gewagt werden, wenn niemand sonst in der Nähe ist.

Nicht nur den eigenen Bremsweg zu kennen, sondern auch den der anderen Verkehrsteilnehmer abschätzen zu können, vermeidet Unfälle, speziell im Kreuzungsbereich. Wer an unübersichtlichen Stellen die Straße überquert und dabei vom herannahenden Pkw erst so spät gesehen werden kann, daß ein Bremsen unmöglich ist, schafft gefährliche Situationen. Um dies auszuschließen, sollte der Landwirt wissen, wann ein Pkw aus 100 km/h zum Stehen kommt. Übrigens . . . : Wer erinnert sich noch an die Faustformel aus der Fahrschule für den Anhalteweg bei normaler trockener Fahrbahn?

Wohl kaum jemand, ist auch nicht weiter schlimm. Für Interessenten sei er hier nochmals verraten, wobei der Buchstabe v für die Geschwindigkeit in km/h steht:

Weg während der Reaktionszeit (Reaktionsweg):

$$3 \times \frac{v}{10}$$

Weg während der Bremsung (Bremsweg):

$$\frac{v}{10} \times \frac{v}{10}$$

Der Anhalteweg bei 50 km/h ist also:

$$\left(3 \times \frac{50}{10}\right) + \left(\frac{50}{10} \times \frac{50}{10}\right) = 40\,\text{m}.$$

Ein solcher Wert gibt allenfalls einen groben Anhalt, kann einen aber auch in falscher Sicherheit wiegen, da er *nur bei trockener Straße* gilt.

Wir wollen es etwas genauer wissen. Der **Anhalteweg,** also die Strecke vom Erkennen einer Gefahr bis zum Stehenbleiben des Fahrzeuges, kann nämlich sehr verschieden sein. Er hängt zum einen vom Fahrer ab: Ist er aufmerksam, fährt er konzentriert, rechnet er im Augenblick mit einer Gefahr? Das alles hat Einfluß auf die sog. *Reaktionszeit,* in der man ungebremst mit der ursprünglichen Geschwindigkeit weiterfährt. Kommt man dann endlich zum Bremsen, wirkt sich wiederum die Straße ganz entscheidend aus. Die Fahrbahnoberfläche, besonders Nässe, Laub, feuchter Schmutz, Schnee und natürlich Eis können den Bremsweg entscheidend verlängern.

Um die Leser nicht mit Formeln und Berechnungen zu langweilen, zeigt Abb. 47 eine Übersicht, die Reaktions- und Bremsweg zusammen als Anhalteweg aufzeigt. Je schneller man fährt, je unaufmerksamer man ist, je rutschiger die Fahrbahn, desto größer wird auch der Anhalteweg. Welche Werte sich bei üblichen Geschwindigkeiten ergeben können, sieht man in Abb. 47.

Überquert man mit Traktor und beladenem Anhänger eine Straße, auf der üblicherweise 100 km/h gefahren wird, so muß nach jeder Seite eine Strecke von mindestens 80 m einsehbar sein, bei Trockenheit wohlbemerkt. Mit feuchtem Schmutz auf der Fahrbahn liegt die notwendige Sichtweite bereits bei rund 180 m. Als gute Schätzhilfe dienen die Leitpfosten am Straßenrand, die in der Regel immer 50 m voneinander entfernt sind.

Die Zahlen in der Abb. 47 sind Mindestwerte, ein gewisser Sicherheitszuschlag empfiehlt sich allemal. Lassen die örtlichen Verhältnisse die angegebenen Sichtweiten nicht zu, tut der Landwirt gut daran, sich eine andere Stelle zum Überqueren oder Einfahren in die Straße zu suchen. Passiert nämlich in solchen unübersichtlichen Bereichen ein Unfall, ist meist nicht auszuschließen, daß eine gewisse Mitschuld am Traktorfahrer hängen bleibt.

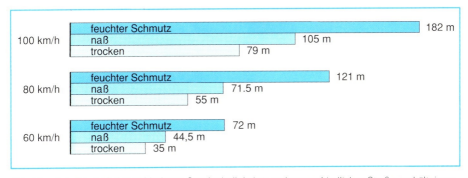

Abb. 47   Anhalteweg bei verschiedenen Geschwindigkeiten und unterschiedlichen Straßenverhältnissen.

Abb. 48/49   Unterlegkeile sind nicht nur bei ungebremsten Anhängern notwendig und auch vorgeschrieben. Wichtig ist eine sichere und leicht zugängliche Unterbringung, wie auf den beiden Bildern dargestellt.

Bei landwirtschaftlichen Anhängern gibt es nahezu alle Arten von **Bremssystemen.** Bereits die richtige Auswahl beim Kauf kann dem Landwirt Probleme im späteren Betrieb vermeiden helfen und ihm manche Mark für nachträgliche Umrüstungen sparen. Deshalb hier einige Tips und Hinweise zu den einzelnen Bremsarten.

4.2 Ungebremst – nur für kleine Einachser

Ungebremst dürfen nur kleine Einachs-Anhänger mit einer Achslast bis zu 3 t sein. Als Einachser gelten auch Anhänger mit 2 Achsen, wenn der Achsabstand unter 1 m liegt. Entscheidend bei der Frage, ob mit oder ohne Bremse, ist also nicht das Gesamtgewicht, sondern nur die Achslast des Anhängers.

Beim Ankuppeln eines solchen ungebremsten Hängers trifft den Landwirt eine besondere Sorgfaltspflicht; hier heißt es vor allem auf zwei Dinge zu achten:

► Das *Leergewicht der Zugmaschine* muß mindestens doppelt so groß sein wie die maximale Achslast des »ungebremsten«. Sonst besteht nämlich die Gefahr, daß der Anhänger beim Bremsen den Traktor aus der Spur drückt.

► Auch beladen muß eine solche Kombination die für den Traktor *vorgeschriebene Bremswirkung* erreichen. Zur Kontrolle sollte man mal den im letzten Abschnitt 4.1 besprochenen Bremsentest ausprobieren.

Auf eine eigene Bremse darf auch bei ungefederten land- oder forstwirtschaftlichen Arbeitsmaschinen verzichtet werden, wenn ihr Leergewicht nicht größer als das des Traktors ist und höchstens 3 t beträgt.

Gefährlich hergehen kann es mit einem ungebremsten Einachsanhänger beim Laden oder beim Abstellen auf geneigter Fahrbahn. Deshalb ist ein solcher Hänger mit besonderer Sorgfalt zu sichern: Nämlich die *Stütze* an der Deichsel ausklappen, sofern sie vorhanden ist, und die Räder mit *Unterlegkeilen* sichern. Zwei solcher Keile muß man bei allen Einachsanhängern mit über 750 kg Gesamtgewicht dabeihaben – egal, ob es sich um ein gebremstes oder ein ungebremstes Modell handelt. Wer freiwillig mehr tut als der Gesetzgeber verlangt und auch beim leichteren »Ungebremsten« Keile mit sich führt, ist gut beraten und kann sich auch auf abschüssiger Straße sicher fühlen.

4.3 Zughebelbremsen für Anhänger – bis maximal 4 t

Anhängerbremsen müssen entweder vom ziehenden Fahrzeug aus bedient werden können oder selbsttätig wirken. Bei älteren Modellen hat man diese Forderung manchmal auf recht abenteuerliche Weise erfüllt, nämlich durch einen sog. *Zughebel,* den der Fahrer gleichzeitig mit der Bremse des Traktors betätigt. Die Bedienung ist recht heikel, weil zugleich mit dem Fuß und einer Hand gebremst werden muß. Es erfordert schon einen wahren Fahrkünstler, im Notfall die richtige Dosierung zu finden und gleichzeitig das Gefährt mit der anderen Hand in der Spur zu halten. Zudem bleibt die Bremswirkung – verglichen mit modernen Systemen – ausgesprochen dürftig.

Ist der Zughebel auf der Deichsel des Anhängers angebracht, dann darf der Hänger höchstens ein Gesamtgewicht von 2 t haben. Bei älteren Anhängern, meistens Einachsern, sind oft noch betagte Seilzugbremsen zu finden, deren Hebel abgenommen und in eine Lasche griffbereit neben dem Fahrersitz eingesteckt werden kann. Ein Anhängergesamtgewicht von 4 t stellt die Obergrenze für eine solche »Umsteck-Handhebel-Bremse« dar.

Mit einem Zughebel kann der Hänger nur gebremst werden, wenn er direkt an den Traktor gekuppelt ist; deshalb darf auch nur 1 solcher Anhänger mitgeführt werden. Allerdings erlaubt der Gesetzgeber dahinter noch einen zweiten Hänger, nämlich einen

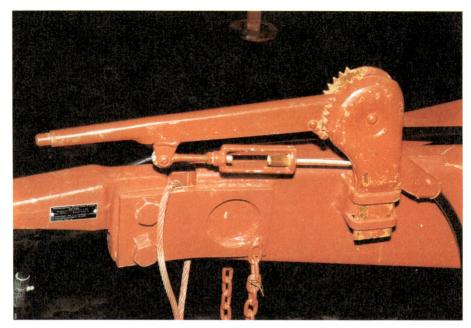

Abb. 50 Zughebelbremsen am Anhänger, eine Konstruktion nur für leichte Fahrzeuge.

mit Auflauf- oder Druckluftbremse. Selbst ein weiteres ungebremstes Gefährt ist hinter Hängern mit einer solchen Hebelei zulässig, aber auch beim Bremsen recht problematisch. Deshalb sollte es sich der Landwirt zur Regel machen, einem Anhänger mit Zughebelbremse niemals einen zweiten beizustellen.

4.4 Auflaufbremsen – 8 t sind die Grenze

Bis zu einem zulässigen Anhängergesamtgewicht von 8 t genügt die **Auflaufbremse.** Sie nutzt die Bewegungsenergie des Anhängers zur Bremsung. Verzögert man den Traktor, so läuft der Hänger auf, ein Rohr in der Zuggabel oder Zugdeichsel wird zurückgeschoben und betätigt über Hebel die Radbremse. Die Auflaufbremse regelt ihre Bremskraft automatisch in Abhängigkeit vom Anhängergewicht und der Verzögerung des Zugfahrzeuges.

Damit sie zuverlässig und gleichmäßig funktioniert, wollen einige Punkte im täglichen Betrieb beherzigt sein:

► Mit der Zeit verlängert sich der *Auflaufweg;* er muß regelmäßig kontrolliert und nachgestellt werden. Bremst der Anhänger ruckartig, so ist das ein sicheres Zeichen dafür, daß es mit dem Auflaufweg nicht mehr so ganz stimmt.

► Schmiernippeln, Notbremshebeln und Gelenken sollte man ab und zu etwas *Fett* gönnen, damit alle Teile beweglich bleiben. Gleiches gilt für die Bowdenzüge; alle paar Monate einige Tropfen *Öl* wirken Wunder. Sonst besteht die Gefahr, daß der Hänger zu wenig bremst und eine leichtere Zugmaschine vor sich herschiebt.

► Damit er rückwärts rangiert werden kann, ist jeder auflaufgebremste Anhänger mit einer *Rückfahrsperre* ausgestattet. Das ist ein Hebel an der Zuggabel, der ein Zu-

Abb. 51   Notsystem bei der Auflaufbremse: Das sog. Abreißseil betätigt beim Lösen des Hängers die Bremsanlage über den Handbremshebel.

Abb. 52   Notsystem beim zweiachsigen Anhänger mit Auflaufbremse: Die herunterfallende Zuggabel bewirkt über das Gestänge die Bremsung des Anhängers.

Abb. 53   So ist die Bodenfreiheit der Zuggabel bei einem mehrachsigen Anhänger richtig eingestellt.

Abb. 54   Fällt die Zuggabel nach dem Abkuppeln auf den Boden, so kann das nicht nur zu schmerzhaften Fußverletzungen führen, sondern auch die Abreißbremse des Hängers wirkungslos machen.

rückgleiten des Bremsgestänges verhindert und so die Bremse ausschaltet. Beim Anfahren springt die Sperre von selbst wieder heraus. Sie darf natürlich niemals festgebunden oder sonstwie blockiert werden. Dann kann sie sich nämlich bei der Vorwärtsfahrt nicht mehr lösen – mit der Folge, daß die Anhängerbremsen wirkungslos bleiben. Bei teureren Ausführungen gibt es auch eine sog. Rückfahrautomatik, die ohne weiteres ein Rückwärtsfahren des auflaufgebremsten Anhängers ermöglicht. Erreicht wird das durch ausgeklügelte Konstruktionen in der Radbremse.

Auch der auflaufgebremste Anhänger muß beim **Abreißen vom Zugfahrzeug** von selbst abgebremst werden. Für diesen Notfall kennt man verschiedene Systeme:

▶ Ein *Seil*, das die Handbremse des Hängers mit dem Traktor verbindet.

▶ Eine starke *Schraubenfeder,* die im Normalzustand gespannt ist und, über Nothebel und Reißleine ausgelöst, die Kraft zum Bremsen aufbringt, sowie

▶ bei zweiachsigen Anhängern ein *Gestänge*, das die Kraft der herunterfallenden Zuggabel auf die Bremse überträgt.

Hier ist natürlich ebenfalls eine regelmäßige Kontrolle und Wartung geboten:

▶ Das Abreißseil darf keine Scheuer- oder Schnittstellen haben. Der Sicherungsring zwischen Seil und Bremshebel muß sich öffnen können, weil er sonst zwar die Bremse auslöst, aber einen leichteren Anhänger im Notfall trotzdem hinter dem Traktor herschleift.

▶ Um Schraubenfedern und Übertragungsteile gängig zu halten, sollte man die Notbremse öfter mal auslösen und durch Herunterdrücken der Zuggabel oder Zurückstoßen des Hängers wieder spannen.

▶ Die Zuggabel von Mehrachsanhängern darf nicht auf dem Boden aufstehen. Diese Forderung dient zum einen dem Schutz vor Fußverletzungen beim Abkup-

peln, zum anderen aber auch einer ausreichenden Wirkung der Anhänger-Abreißbremse. Ehe also die Zugöse der Fahrbahn zu nahe kommt, heißt es Nachstellen, wobei die Bodenfreiheit mindestens 20 cm betragen muß.

Ein wichtiger Hinweis zum Schluß. Will man zwei auflaufgebremste Anhänger im Zug mitführen, dann muß folgendes beachtet werden: Der Traktor darf bauartbestimmt nicht schneller als 32 km/h gehen und in dieser Kombination höchstens mit 25 km/h gefahren werden. Beide Anhänger müssen mit 25 km/h-Schildern an der Rückseite gekennzeichnet sein. Bei schnelleren Zügen ist nur ein auflaufgebremster Anhänger erlaubt, und zwar ein zugelassener mit Allradbremse.

4.5 Druckluftbremsen – auch schwere Lasten sicher im Griff

Für Anhänger mit einem zulässigen Gesamtgewicht von über 8 t ist eine **Druckluft-** oder **Hydraulikbremse** vorgeschrieben, wobei sich in der Praxis allgemein die Druckluftversion durchgesetzt hat. Die Bremskraft wird durch Druckluft mit Hilfe eines Kompressors im Traktor erzeugt und über die Luftleitung zum Anhänger gebracht. Beim Tritt aufs Bremspedal steuern Ventile eine entsprechend starke Bremsung des Hängers.

Bei »Druckluftgebremsten« will eine zusätzliche Besonderheit beachtet sein: Es gibt sie mit Ein- und Zweileitungsbremse. Beim **»Einleiter«** verläuft, wie der Name schon sagt, nur eine Schlauchverbindung zwischen Zugfahrzeug und Anhänger. Nach dem Ankuppeln des Schlauches – Steuerleitung genannt – strömt Druckluft in den Anhängerluftbehälter. Während der Fahrt steht die Steuerleitung unter vollem Druck, die Bremse im Anhänger ist gelöst. Bremst nun der Fahrer, so wird die Zufuhr von Vorratsluft zum Hänger unterbrochen und der

Druck in der Steuerleitung abgesenkt. Zum Vorratsbehälter im Anhänger entsteht so ein Unterdruck, der die Bremskraft des Anhängers regelt. Bei einer Vollbremsung ist die Steuerleitung drucklos.

Zweileitungsbremsen haben zwei Schlauchverbindungen zwischen Motorwagen und Anhänger. Die Vorratsleitung mit dem *roten* Kupplungskopf findet man rechts am Zugfahrzeug, sie stellt die Verbindung zum Luftbehälter des Hängers her. *Gelb* ist dagegen die Bremsleitung gekennzeichnet, die über Druckanstieg die Bremsung im Anhänger auslöst. Die Anschlüsse dürfen beim Kuppeln natürlich nicht vertauscht werden, neuere Fahrzeuge verfügen in der Regel über Kupplungsköpfe mit Vertauschsicherungen. Zweileitungsbremsen haben den Vorteil, daß der Hänger auch während der Bremsung mit Druckluft versorgt wird, und so Bremsversager wesentlich seltener sind.

Beim *Ankuppeln* muß zunächst die Bremsleitung von Traktor und Anhänger, also der gelbe Strang, verbunden werden. Die umgekehrte Reihenfolge führt zum vorübergehenden Lösen der Hängerbremse während des Kuppelvorganges, was bei geneigter Straße gefährliche Situationen heraufbeschwören kann. *Trennt* man die Fahrzeuge, so ist die umgekehrte Reihenfolge angesagt. Also erst die roten Kupplungsköpfe der Vorratsleitung lösen und anschließend dann die Bremsleitung. Für Absperrhähne gilt dieselbe Reihenfolge.

Bis 25 km/h genügt eine Einleitungsbremse. Jenseits dieser Grenze wird für alle Hänger das Zweileitungssystem gefordert, das auf alle Räder wirkt. Selbstverständlich kann auch ein langsameres Gefährt mit Zweileitungsbremsen ausgerüstet sein, was sich besonders in hügeligen Gegenden aus Sicherheitsgründen empfiehlt. Vorsicht ist bei der Zugzusammenstellung geboten: Die

Abb. 55 Traktor mit kombinierter Einleitungs-/Zweileitungsbremsanlage. Rechts unten sieht man den roten Anschluß der Vorratsleitung und links den gelben Kupplungskopf der Bremsleitung. Darüber ist der Einleitungsanschluß montiert.

Abb. 56   Einleitungsbremsen sind zukünftig nur noch für Anhänger bis 25 km/h erlaubt.

Druckluft-Bremssysteme von Zugmaschine und Anhänger müssen unbedingt zusammenpassen, eine Mischung von Fahrzeugen mit Ein- und Zweileitungsanlage ist nicht möglich.

Hat der Landwirt in seinem Fuhrpark Anhänger sowohl mit Einleitungs- als auch mit Zweileitungsbremse, so empfiehlt sich die Umrüstung der Zugfahrzeuge auf eine kombinierte **Einleitungs-/ Zweileitungs-Anlage.** Dazu bedarf es beim Traktor nur der Montage eines Einleitungssteuerventiles mit Druckbegrenzung und eines passenden Kupplungsknopfes. Auf diese Weise kann dann mit jedem druckluftgebremsten Anhänger ein sicheres Fahr- und Bremsverhalten erreicht werden. Natürlich lassen sich auch Hänger auf kombinierte Einleitung / Zweileitung umrüsten; da es auf dem Hof jedoch mehr Anhänger als Traktoren gibt, ist die erste Lösung wirtschaftlicher.

Bei Anhängern über 25 km/h, die ein Gesamtgewicht von mehr als 9 t haben, wird außerdem eine sog. **Dauerbremse** gefordert. Sie muß das voll beladene Fahrzeug auf einem Gefälle von 7 % und 6 km Länge so stark abbremsen können, daß eine Geschwindigkeit von 30 km/h nicht überschritten und dabei die Bremse nicht überhitzt wird. Beim Anhänger benutzt man dazu die normale Bremsanlage, die von der sog. Motorbremse des Zugfahrzeuges angesteuert wird.

Will man 2 druckluftgebremste Anhänger mitführen, dann muß natürlich auch das hintere Gefährt seine Bremsinformationen, sprich Drucksignale, bekommen. Bei der Einleitungsbremse ist dazu eine zusätzliche Verbindungsleitung zum hinteren Teil des ersten Anhängers notwendig, die eine Druckabsenkung in der Steuerleitung auch dem zweiten Hänger mitteilt. Die »lange Leitung« vom Traktor bis zum zweiten Anhänger führt natürlich zu einem schlechteren Ansprechen dieser Bremse, was sich aber durch sog. »Schnellöseventile« ausbügeln läßt. Ähnlich ist das Vorgehen bei einer Zweileitungsanlage. Hier werden ebenfalls Abzweigungen in die Vorrats- und Bremsleitungen eingebaut und Verbindungen zum hinteren Ende des Anhängers verlegt.

Nachträgliche Umrüstungen an der Bremse führen stets zum *Erlöschen der Betriebserlaubnis,* der Umbau muß also vom TÜV begutachtet werden. Deshalb lieber erst um Rat bei der nächsten TÜV-Stelle oder einem Bremsenhersteller fragen, bevor man zum Schraubenschlüssel greift. So bleiben einem unangenehme Erfahrungen, nutzlose Arbeiten und zusätzliche Kosten erspart.

4.6 Das Ende der Einleitungsbremse

Nun hat also auch für die altbekannte Einleitungs-Druckluftbremsanlage die letzte Stunde geschlagen, zumindest was schnellaufende Anhänger über 25 km/h angeht. Durften bereits ab 1.4.1974 keine neuen Anhänger mit nur einer Druckluftverbindung zum Zugfahrzeug mehr in Verkehr gebracht werden, so ist seit 1.6.1989 mit Auslaufen der Übergangsregelung auch der noch vorhandene Altbestand dran: Entweder umrüsten oder auf 25 km/h beschränken, heißt die Devise.

Will man sich die Kosten für den Umbau sparen, so bleibt nur der **Geschwindigkeitsbereich bis zu 25 km/h** übrig. Für die Landwirtschaft stellt diese Variante wegen der *Zulassungsbefreiung* eine durchaus interessante Alternative dar. Dazu müssen allerdings bei den druckluftgebremsten Anhängern in der Regel die *Fahrzeugpapiere geändert* werden. Das kann die Zulassungsstelle oder der nächstgelegene TÜV erledigen. Ist der Anhänger beim TÜV technisch in Ordnung und legt man den Fahrzeugbrief und -schein oder die Betriebserlaubnis vor, so steht dem Eintrag von 25 km/h Höchstgeschwindigkeit unter Ziffer 6 der Papiere nichts mehr entgegen. Eines ist dennoch zu beachten: Das 25 km/h-

Schild, das den landwirtschaftlichen Anhänger an der Rückseite zieren muß.

Sollte im Einzelfall in den Fahrzeugpapieren bereits aus anderen Gründen eine Höchstgeschwindigkeit von 25 km/h vermerkt sein, dann kann man sich alles weitere sparen und die Einleitungs-Druckluftbremsanlage auch zukünftig verwenden.

Bei **höheren Geschwindigkeiten** kommt man dagegen um einen Umbau auf Zweileiter nicht herum, was übrigens auch aus Gründen der Verkehrssicherheit sinnvoll und notwendig ist. Selbst wer nur mit 25 km/h fährt, es dabei aber in hügeligen Gegenden häufig mit schweren, vollbeladenen Anhängern zu tun hat, erweist sich und seiner Gesundheit einen guten Dienst, wenn er ein paar Mark in einen solchen **Umbau** investiert.

Es gibt durchaus preisgünstige Lösungen selbst für ältere Anhänger mit einem *Betriebsdruck von 5,3 bar.* Als erstes ist ein Anhänger-Bremsventil für Zweileitungsanlagen sowie eine Brems- und Steuerleitung mit den entsprechenden Kupplungsköpfen einzubauen. Läßt sich der alte Bremskraftregler am neuen Anhänger-Bremsventil nicht mehr montieren, so muß auch er erneuert werden. Geeignete Luftfilter in der Brems- und Steuerleitung verhindern ein Verschmutzen der empfindlichen Ventile und damit auch einen Ausfall der Bremsanlage.

Bei modernen Zugfahrzeugen liegt der *Betriebsdruck meist über 7,5 bar.* In solchen Fällen muß man noch ein sog. Druckgrenzungsventil in der Vorratsleitung vorsehen, um die Anhänger-Bremsanlage mit 5,3 bar Betriebsdruck funktionsfähig zu erhalten. Ist der ziehende Lkw oder Traktor dagegen auf einen Druck bis zu 7,5 bar ausgelegt, tut es anstelle des Druckbegrenzungsventils auch ein Wechselventil (früher Zweiwegeventil genannt) mit Druckminderung. Hinter dem Anhänger-Bremsventil bleibt in der Bremsanlage alles beim Alten. Es handelt sich hierbei wohlgemerkt um eine recht einfache und billige Umbauvariante, die nur für alte Anhänger sinnvoll ist. Im Hinblick auf ein Höchstmaß an Verkehrssicherheit und ein gutes Bremsverhalten des Zuges läßt sie natürlich manche Wünsche offen. Allein aus technischer Sicht ist es allemal besser, auch die Bremsanlage des Anhängers auf den höheren Betriebsdruck der Zugmaschine auszulegen und automatische Bremskraftregler zu verwenden.

Vor jedem Umbau sollte man unbedingt einen fachkundigen Rat einholen, etwa beim Anhängerhersteller, beim Achsenlieferanten, beim Hersteller der Bremsanlage oder auch beim TÜV. Dort bekommt der Landwirt oder die Werkstatt nicht nur gute Tips, sondern für die meisten Typen auch komplette Umbauvorschläge.

Nach der Umrüstung muß das Fahrzeug beim TÜV zur **Erneuerung der Betriebserlaubnis** vorgestellt werden, und zwar bei jeder noch so einfachen Änderung der Bremsanlage. Dort wird dann, falls keine technischen Mängel vorliegen, der Fahrzeugbrief bzw. die Betriebserlaubnis ergänzt.

So stellt man seinen Zug richtig zusammen:

Zum Abschluß unserer Bremsenkapitel nun noch ein paar Tips über die richtige Kombination von Anhängern mit unterschiedlichen Bremsanlagen.

▶ Hängt ein schwerer ungebremster Einachser hinter einem leichteren – weil beispielsweise ganz oder teilweise entladenen – Zweiachsanhänger, so kommt es leicht zum Einknicken des Zuges. Also solche Kombinationen unbedingt vermeiden.

▶ Führt man hinter einem Traktor 2 ungebremste Einachser mit sich, dann nimmt man ein problematisches Bremsverhalten der Kombination in Kauf: Von den 4 Achsen läßt sich nämlich in aller Regel nur eine bremsen.

▶ Bei einer Zugmaschine mit 2 zweiachsigen Anhängern ist folgende Reihenfolge zu beachten:

erster Anhänger		*zweiter Anhänger*	
Auflaufbremse	+	Auflaufbremse	
	oder		
Druckluftbremse	+	Druckluftbremse	(beide entweder mit Einleitungs- oder mit Zweileitungsbremse!)
	oder		
Hydraulikbremse	+	Hydraulikbremse	
	oder		
Druckluftbremse	+	Auflaufbremse	(nicht umgekehrt!)
	oder		
Hydraulikbremse	+	Auflaufbremse	(nicht umgekehrt!)

▶ Für eine Zugmaschine mit 2 einachsigen oder 1 einachsigen und 1 zweiachsigen Hänger gilt folgendes:

erster Anhänger		*zweiter Anhänger* (Einachser)	
Auflaufbremse	+	ungebremst	(nicht umgekehrt!)
	oder		
Druckluftbremse	+	ungebremst	(nicht umgekehrt!)
	oder		
Hydraulikbremse	+	ungebremst	(nicht umgekehrt!)

Natürlich sind auch hier zusätzlich die gleichen Bremsenkombinationen wie bei der Zugmaschine mit 2 zweiachsigen Anhängern möglich. Bei auflaufgebremsten Einachsern muß man ganz besonders auf eine positive (nach unten gerichtete) Stützlast achten.

Abb. 57   Das Stützlastschild am Zugfahrzeug gibt den höchstzulässigen Wert an, der ebensowenig wie die maximale Stützlast des Anhängers überschritten werden darf.

4.7 Die Sache mit der Stützlast

Sicherheit beim Transport landwirtschaftlicher Güter beginnt nicht erst nach dem Start, sondern bereits vorher, nämlich bei der Zusammenstellung des Zuges. Ein wesentlicher Punkt dabei ist die Sache mit der **Stützlast.** Weil sich nämlich sein Aufbau nicht auf 2 Achsen abstützen kann, kippt ein Einachsanhänger von Natur aus nach vorne oder auch – bei falscher Beladung – nach hinten. Die Kraft, mit der er dabei auf die Anhängerkupplung des ziehenden Fahrzeuges drückt, bezeichnet man als die sog. Stützlast. Sie spielt, neben den Bremsen, beim Zusammenstellen von Zügen eine wichtige Rolle; ebenso fällt sie beim Laden im wahrsten Sinne des Wortes ins Gewicht. Dazu im einzelnen:

▶ Die Stützlast muß immer *positiv* sein, die Zugdeichsel des Anhängers also nach unten drücken. Sonst drohen beim Han-

tieren mit dem Fahrzeug erhebliche Verletzungsgefahren, wenn beispielsweise nach dem Abkuppeln die Anhängerdeichsel überraschend mit Wucht hochschlägt.

▶ Bei Einachsern muß die positive Stützlast *mindestens 3 % des Leergewichtes* betragen, und zwar egal, ob mit oder ohne Ladung. Unter diese Vorschrift fallen auch Zweiachsanhänger, wenn der Achsabstand kleiner als 1 m ist. Bei einem Leergewicht von 2 t müssen deshalb immerhin mindestens 60 kg auf die Zugeinrichtung des Traktors gebracht werden.

▶ Damit die Bremse immer ausreichend wirksam bleibt, gibt es für gebremste Einachser auch eine *Obergrenze der erlaubten Stützlast.* Sie liegt bei 20 % des zulässigen Gesamtgewichtes für den Hänger. Zu hohe Lasten können zu einer Durchbiegung der Deichsel führen und so etwa bei einer Auflaufeinrichtung die Bremse lahmlegen. Für einen 5 t-Einachser bedeutet diese Regel, daß die Stützlast 1t nicht übersteigen darf.

▶ Bei *ungebremsten Einachsern* kann die Stützlast auch mehr als 20 % des Gesamtgewichtes sein. Hier bildet jedoch die Fahrsicherheit und die Kippgefahr eine Obergrenze, was eine gewisse Mindestachslast, abhängig von der Spurweite des Anhängers, erfordert.

▶ Von diesen gesetzlich festgelegten Obergrenzen kann der Hersteller nach unten abweichen und eine geringere Stützlast angeben. Darauf weisen die Schilder am Zugfahrzeug und vorn am Anhänger hin, nach denen sich der Landwirt bei der Zugzusammenstellung richten muß. Wenn die maximal erlaubten Stützlasten an der Deichsel des Anhängers und an der Kupplung des ziehenden Fahrzeuges voneinander abweichen, so gilt die *kleinere* der beiden.

▶ Ist die Stützlast bei einer gleichmäßigen Lastverteilung am Einachs-Hänger größer als 50 kg, so muß er eine *Stützein-*

Abb. 58 Achtung beim Anheben der Deichsel von Einachsanhängern: Es droht Verletzungsgefahr durch zu hohe Stützlasten.

Abb. 59 Sicherer ist auf alle Fälle die Benutzung der vorgeschriebenen Stützeinrichtung.

richtung haben, die sich der Höhe nach einstellen läßt. Gleiches gilt auch hier wieder für den Zweiachser mit einem Achsabstand von weniger als 1 m. Der Grund dafür liegt in der Verletzungsgefahr, die einem beim Hochheben von großen Deichsellasten droht. Doch auch hier keine Regel ohne Ausnahme: Hat das Zugfahrzeug einen zum Anheben der Deichsel geeigneten Kraftheber, wie bei vielen Traktoren üblich, kann man auf die Stützeinrichtung verzichten. Solche Hänger dürfen dann jedoch hinter anderen Fahrzeugen unter Umständen nicht mehr voll, sondern nur eben bis zu einer Stützlast von 50 kg beladen werden.

Vor dem Ankuppeln eines Hängers tut der Landwirt gut daran, folgende Punkte zu beachten:

► Die Stützlast wird dem Gewicht des Fahrzeuges zugeschlagen, das den Einachser zieht. Ist das ziehende Fahrzeug selbst ein Anhänger, so verringert sich seine Nutzlast entsprechend, und zwar um die Stützlast des 2. Hängers. Die Summe aus dem Leergewicht, der Ladung und der Stützlast eines weiteren Hängers darf nämlich sein zulässiges Gesamtgewicht nicht überschreiten. Ebenso verhält es sich natürlich auch mit der maximal erlaubten Hinterachslast des ziehenden Fahrzeuges; auch hier kommt man um die Berücksichtigung der Stützlast nicht herum. Damit ist auch verständlich, daß das Gesamtgewicht eines mitgeführten Hängers höher sein darf als die Anhängelast, und zwar gerade um den Betrag der Stützlast, weil diese ja dem ziehenden Fahrzeug angelastet wird. Bei einer zulässigen Anhängelast von 1 000 kg und einer Stützlast von 50 kg kann deshalb das Gesamtgewicht des mitgeführten Anhängers 1050 kg betragen.

► Von Bedeutung sind jeweils nur die tatsächlichen, nicht jedoch die höchstzulässigen Werte. So kann bedenkenlos hinter einem Pkw mit einer Stützlast von maximal 50 kg und einer zulässigen Anhänge-last von 1 t ein Einachsanhänger mit 100 kg Stützlast und 1,5 t zulässigem Gesamtgewicht angehängt werden. Nur darf man ihn dann eben nur bis auf die Stützlast von 50 kg und die Achslast von 1 t ausladen.

► Sollen Einachser in einen Zug eingestellt werden, so ist zu prüfen, ob die ziehenden Fahrzeuge und deren Anhängerkupplungen überhaupt für Stützlasten ausgelegt sind – und wenn ja, für welche. Die Mehrzahl der landwirtschaftlichen Zweiachsanhänger werden zum Beispiel nämlich nur fürs Ankuppeln eines weiteren Zweiachsers konstruiert und nicht für das eines Einachsers. Was im speziellen Fall gilt, kann man den Fahrzeugpapieren und -schildern entnehmen.

Selbst wenn die richtige Dosierung der Stützlast wahre Ladekunststücke verlangt:

Mit Blick auf die Verkehrssicherheit des Zuges und auf die Gefahr von Verletzungen, aber auch zur Schonung der Fahrzeuge sollte man in diesem Punkt möglichst genau sein. Dazu noch ein paar praktische Tips:

► Ob eine positive Stützlast bei einem Einachsanhänger vorhanden ist, kann der Landwirt leicht abschätzen. Dazu muß er nur den Zug auf einer ebenen Fläche abstellen, und zwar so, daß er spannungsfrei ist – also ohne Bremse und sonstige waagerechte Krafteinwirkung zwischen Zugmaschine und Hänger. Dann schaue er sich das Kupplungsmaul des Traktors an: Liegt die Zugöse der Deichsel auf, ist die Stützlast positiv; durch Anheben kann man auch etwa ihre Größe beurteilen. Steht dagegen die Öse oben im Kupplungsmaul, so ist die Stützlast negativ und Gefahr im Verzug; beim Abkuppeln muß man nämlich ein Hochschnellen der Deichsel befürchten.

► Ladungsanteile vor der Achse erhöhen die positive Stützlast, solche hinter der Achse verringern sie. Diese Binsenweisheit sollte man nicht nur beim Auf-, sondern auch beim Abladen in Rechnung stellen. Vor allem mechanische Fördereinrichtungen, die das Ladegut nach hinten aus dem Anhänger drücken, lassen einen Einachser schnell

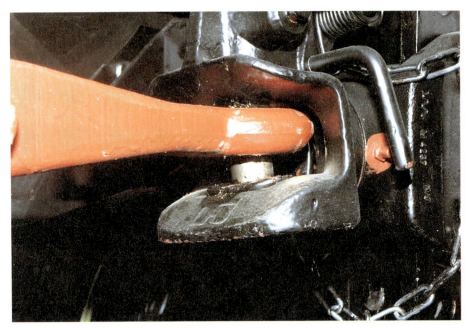

Abb. 60   Achtung, Gefahr im Verzug: Wegen der negativen Stützlast schnellt die Deichsel beim Abkuppeln nach oben.

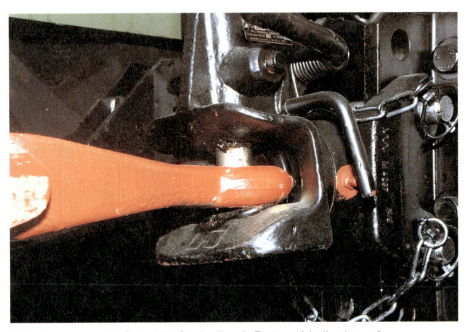

Abb. 61   So ist es richtig: Bei positiver Stützlast liegt die Zugöse auf der Kupplung auf.

hecklastig werden. Bei nur teilweisem Entladen steckt darin eine besondere Gefahr. Selbst wenn es mühsam ist, heißt es dann vor der Weiterfahrt und vor allem vor dem Abkuppeln die restliche Ladung so umzuschichten, daß die Stützlast wieder positiv wird.

► Hängt man 2 Einachser hinter die Zugmaschine, so gilt es zusätzlich zu prüfen, ob nicht die Stützlast des 2. Hängers den ersten hecklastig macht. Auch hier nützt der schon beschriebene Test: Ein Blick aufs Kupplungsmaul des Traktors und ein probeweises Anheben schaffen Klarheit. Fehlt es beim vorderen Einachser an der positiven Stützlast, so hilft nur eine andere Verteilung der Ladung oder – wenn bremsentechnisch möglich – ein Umstellen der beiden Anhänger.

Ein weiterer wichtiger Hinweis zum Schluß: So gut man Stützlasten bei Schütt- oder Stückgütern (Sand, Stalldung oder Säcke) durch eine kluge Verteilung austarieren kann, so schlecht funktioniert dieses Prinzip bei Flüssigkeiten, wie Gülle, Maische oder Milch. Sind die Tankanhänger nicht randvoll, so schwappt der Inhalt während der Fahrt hin und her – besonders beim Bremsen und in Kurven. Solche Lastwechsel bei 2 Tankanhängern können einen Zug buchstäblich aus der Bahn werfen. Fazit:

► Sind einachsige **Tankanhänger** nur teilweise gefüllt, oder ist unterwegs eine Teilentleerung vorgesehen, so kopple man lediglich 1 an den Traktor. Allein bei randvollen oder ganz leeren Einachs-Tankanhängern ist es vertretbar, zwei von ihnen im Zug mitzunehmen.

5 Umgang mit landwirtschaftlichen Fahrzeugen

5.1 Der Stehplatz kann teuer werden – was beim Mitfahren auf Traktoren und Anhängern gilt

Personen sollten in Fahrzeugen jeglicher Art grundsätzlich nur dann mitgenommen werden, wenn für sie geeignete und sichere Sitze vorhanden sind. Speziell bei Zugmaschinen wird dies in der Straßenverkehrsordnung sogar ausdrücklich verlangt.

Besondere Regelungen gelten für die Beförderung von **Personen auf der Ladefläche von Lkw** und Anhängern: Im ersten Fall, also beim Lkw, dürfen bis zu 8 Personen auf der Ladefläche mitfahren, allerdings nur dann,

- wenn sie die Ladung begleiten müssen,
- wenn sie auf der Ladefläche zu arbeiten haben oder
- wenn es sich um ein Fahrzeug des Arbeitgebers handelt, mit dem sie zu oder von ihrer Arbeitsstelle befördert werden.

Der letzte Satz gilt allein für die Beförderung von Arbeitskräften zwischen verschiedenen Arbeitsstätten, nicht jedoch für die Fahrten zwischen der Wohnung der Beschäftigten und ihrem Arbeitsplatz. Eine Besonderheit in diesem Zusammenhang stellt die Beförderung von Arbeitskräften dar, die für bestimmte Arbeitsvorhaben in Lagern oder ähnlichen Gemeinschaftsunterkünften untergebracht sind oder die sich an einem bestimmten Punkt regelmäßig zur Arbeitsaufnahme sammeln. In diesen Fällen ist der Transport zu und von den Arbeitsstellen auf der Ladefläche von Lkw nicht zu beanstanden.

Auf der **Ladefläche von Anhängern** darf niemand mitgenommen werden. Doch auch hier keine Regel ohne Ausnahme: Sind die Anhänger für land- oder forstwirtschaftliche Zwecke eingesetzt, so können sich Personen auf geeigneten Sitzgelegenheiten des Anhängers aufhalten. Als geeignete Sitzgelegenheit gilt bei landwirtschaftlichen Anhängern auch die Ladefläche.

Während der Fahrt darf man auf dem Anhänger nicht stehen, außer es ist zur Begleitung der Ladung oder zur Arbeit auf der Ladefläche erforderlich. Wegen der erhöhten Absturzgefahr während der Fahrt dürfte ein solches Verbot wohl für jeden verständlich sein. Aus dem gleichen Grund darf sich auch niemand auf die Bordwände des Anhängers setzen oder auf der Ackerschiene des Traktors mitfahren.

Befinden sich Personen auf dem Anhänger, so trifft den Fahrer natürlich eine besondere Sorgfaltspflicht. So darf er erst dann losfahren, wenn alle ihre Sitzplätze eingenommen haben; das Auf- und Abspringen während der Fahrt muß ebenfalls unterbleiben. Erst wenn das Fahrzeug steht, sollte man absteigen. Ein Platz oben auf einem vollbeladenen Stroh- oder Heuwagen kann zwar sehr bequem und – insbesondere für die Jüngeren – manchmal auch recht lustig sein, sicher ist er aber auf keinen Fall. Tödliche Verletzungen sind oft die Folge eines Absturzes vom vollbeladenen Erntewagen.

Insbesondere bei Zugmaschinen stellt sich manchmal die Frage, was unter einer **»geeigneten« Sitzgelegenheit** zu verstehen ist. Der Sitz selbst, seine Lehne und die Befestigung muß sicheren Halt bieten und alle während der Fahrt auftretenden Beanspruchungen aushalten. Für klappbare Sitze wird eine selbsttätige Verriegelung in normaler Fahr- und Gebrauchsstellung gefordert. Dies gilt auch für die drehbaren und neigungsverstellbaren Fahrersitze zur Feldarbeit bei landwirtschaftlichen Zugmaschinen. Wenn sie feststellbar sind und in der normalen Fahrstellung selbsttätig einrasten, gelten sie durchaus als geeignete Sitzgele-

Abb. 62/63   So nicht: Mitfahren auf der Ackerschiene des Traktors und Stehen auf dem Anhänger während der Fahrt ist nicht nur gefährlich, sondern auch verboten.

Abb. 64/65   Einmal falsch, einmal richtig: Mag der Platz auf der Bordwand auch den besseren Überblick bieten, auf der Ladefläche des Anhängers sitzt man vielleicht etwas weniger bequem, dafür aber um so sicherer.

Abb. 66   So sieht die richtige Sitzgelegenheit für den Beifahrer auf dem Traktor aus.

genheiten im Sinne der gesetzlichen Vorschriften.

Für den Fahrersitz gibt es darüber hinaus natürlich noch besondere Anforderungen: Er muß so angeordnet und beschaffen sein, daß das Fahrzeug unter allen Bedingungen sicher geführt werden kann.

5.2 Mit zweierlei Maß gemessen – Höhe und Breite landwirtschaftlicher Fahrzeuge

Für Einzelfahrzeuge schreibt die Straßenverkehrs-Zulassungs-Ordnung (StVZO) folgende Höchstwerte vor:

Breite:	2,50 m
Höhe:	4,00 m
Länge:	12,00 m

Bei der **Länge** dürfen Züge – unter Berücksichtigung der Vorschriften für Einzelfahrzeuge – bis zu 18,0 m lang sein; Sattelkraft-

fahrzeuge, also Sattelzugmaschine und Sattelauflieger zusammen, 15,5 m.

Ladung darf *nach vorne* überhaupt nicht über das Zugfahrzeug hinausragen; *nach hinten* ist dies bis zu 3 m erlaubt (wenn weiter als 100 km gefahren wird, jedoch nur bis 1,5 m). Allerdings darf der gesamte Zug samt Ladung nicht mehr als 20 m lang sein. Hinausragende Ladungen sind unter bestimmten Bedingungen kenntlich zu machen.

Speziell bei den **Breitenvorschriften** gibt es für die Landwirtschaft eine ganze Reihe von Sonderregelungen:

So sind für auswechselbare land- und forstwirtschaftliche *Anbaugeräte* an Zugmaschinen oder Sonderfahrzeugen Breitenmaße *bis zu 3,0 m* zulässig. Der gleiche Höchstwert wird allen land- und forstwirtschaftlichen Arbeitsgeräten zugestanden. Unter dem Begriff »Arbeitsgerät« versteht man Kraftfahrzeuge oder Anhänger, die im wesentlichen zur Leistung von Arbeit bestimmt sind; das Vorhandensein eines klei-

Abb. 67   Bei einer Breite von über 2,75 m sind besondere Kennzeichnungen erforderlich.

nen Laderaumes steht einer solchen Einstufung nicht entgegen. Arbeitsmaschinen, wie etwa Mähdrescher, Stroh- und Heupressen und dergleichen, stellen eine Untergruppe der Arbeitsgeräte dar, auch für sie gilt deshalb eine maximale Breite von 3,0 m. Darüber hinausgehende Sonderregelungen für Mähdrescher wurden bereits im Abschnitt 2.2 abgehandelt.

Bei land- und forstwirtschaftlichen *Zugmaschinen* und *Anhängern* darf die Grenze von *2,5 m* dann überschritten werden, wenn dies allein durch die wahlweise Ausrüstung der Fahrzeuge mit sog. Niederdruckreifen (Breitreifen mit einem Innendruck von höchstens 1,5 bar) oder Zwillingsbereifung bedingt ist. Bei maximal 3,0 m hat jedoch auch hier die Großzügigkeit des Verordnungsgebers ein Ende. *Bis zu 2,75 m* benötigt man dabei noch keine besondere Kenntlichmachung. Mißt das Fahrzeug jedoch *mehr als 2,75 m,* so müssen links und rechts sowohl vorne als auch hinten die bekannten Warntafeln mit rot-weißen Streifen

montiert werden. Sie sollen mit dem Fahrzeugumriß seitlich abschließen, Abweichungen bis zu 10 cm nach innen sind zulässig. Die Streifen der Tafeln müssen nach außen und unten weisen.

Die bisher genannten Werte gelten nur für Fahrzeuge ohne Ladung. Beim Einsatz für landwirtschaftliche Zwecke dürfen jedoch auch Lkw und Anhänger samt der Ladung aus landwirtschaftlichen Erzeugnissen *höher* als 4,0 m und bis zu 3,0 m breit sein. Dieses Sonderrecht können allerdings nur Landwirte, nicht jedoch Fuhrunternehmer oder Händler, die landwirtschaftliche Produkte befördern, in Anspruch nehmen. Bei Leerfahrten nach dem Transport solcher Güter ist beispielsweise beim Anhänger wieder eine Breite von 2,50 m die Obergrenze. Wurden zusätzliche Hilfsmittel zur Abstützung der Ladung verwendet, die das Fahrzeug breiter machen, so bleibt einem ein Umbau vor der Rückfahrt nicht erspart.

Im Interesse der übrigen Verkehrsteilnehmer muß die *Ladung* verkehrssicher verstaut und gegen Herabfallen sowie vermeidbares Lärmen besonders gesichert sein. Dazu gehört eine gleichmäßige Verteilung des Ladegutes auf dem Anhänger ebenso wie dessen sichere Verwahrung. Eine extrem einseitige Beladung kann zum Umkippen führen, beim Einachser ist aus Sicherheitsgründen nach der Beladung auf die Einhaltung der festgelegten Stützlast zu achten. Notfalls kommt man auch um eine Befestigung oder Verzurrung des Ladegutes nicht herum, wenn sich nur auf diese Weise ein Verrutschen oder Herabfallen verhindern läßt.

5.3 Schon beim Start ist Vorsicht geboten

Gefahren lauern nicht erst nach dem Start des Fahrzeuges, sondern bereits viel früher. Gerade beim Traktor oder bei landwirtschaftlichen Arbeitsmaschinen ist der Fahrersitz oft nur über Leitern oder ähnliche Aufstiege zu erreichen. Radnaben, Nabenringe oder Felgen werden zwar häufig als willkommene Hilfe beim Erklimmen des Sitzes genutzt, geeignet sind sie dafür aber trotzdem nicht.

Nach den gesetzlichen Bestimmungen müssen die **Ein-** und **Ausstiege** gewisse Mindestmaße einhalten und vor allem gleitsicher sein. Weil jedoch die beste Vorrichtung nichts hilft, wenn man danebentritt, soll die oberste Trittstufe auch für den Aussteigenden leicht erkennbar sein. Fehlen an älteren Fahrzeugen die Aufstiege, so kann man – trotz der zusätzlichen Arbeit – eine nachträgliche Montage nur empfehlen. Um jedoch nicht nur mit dem Fuß, sondern auch mit der Hand einen festen Halt zu finden, sind außerdem Griffe oder ähnliche stabile Haltevorrichtungen notwendig.

Verschmutztes Schuhwerk war schon öfters Ursache für einen Unfall, weil der Fahrer vom Brems- und Kupplungspedal abgerutscht ist. Deshalb stets die Aufstiege sauber halten und die Schuhe vor dem Aufsteigen säubern.

Abb. 68 Ausreichend großer und gleitsicherer Aufstieg: So bannt man typische Unfallgefahren beim Besteigen eines Arbeitsgerätes.

Daß man die **Anlaßsperre** nicht außer Betrieb setzt, versteht sich von selbst. Sie verhindert, daß das Fahrzeug bei eingelegtem Gang von einer danebenstehenden Person gestartet wird und so den Landwirt mit den Hinterrädern überrollen kann. Fehlt dieser Schutz von Haus aus, so sollte das Anlassen nur vom Fahrersitz aus zur guten Gewohnheit werden.

Zur weiteren Vorbereitung für den Start gehört das **Verbinden der Fahrzeuge.** Auf »Nummer sicher« geht, wer sich beim *Ankuppeln* an die in der Praxis bewährten Unfallverhütungsvorschriften der landwirtschaftlichen Berufsgenossenschaften hält. Hier das Wichtigste:

● Wer beim Ankuppeln zwischen dem rückwärtsfahrenden Traktor und dem Anhänger steht, handelt höchst leichtsinnig. Die Gefahr, eingeklemmt zu werden und schwere Verletzungen davonzutragen, ist

Abb. 69   Auch beim Traktor empfiehlt sich der Weg über die vorgesehenen Trittstufen.

Abb. 70   Ein solches Verhalten kann im wahrsten Sinne des Wortes tödlich sein: Ist ein Gang eingelegt, so setzt sich der Traktor beim Starten in Bewegung und überrollt den leichtsinnigen Fahrer.

Abb. 71   Auch hier ist eine gehörige Portion Leichtsinn im Spiel: Wer beim Kuppeln zwischen Traktor und Anhänger steht, riskiert, eingeklemmt zu werden.

Abb. 72   So wird es richtig gemacht: Zuggabel auf die Kupplungshöhe einstellen, Anhänger mit Unterlegkeilen und Bremse gegen Wegrollen sichern und dann rückwärts mit der Zugmaschine an den Hänger heranfahren.

Abb. 73/74   Wer, wie im oberen Bild, beim Betätigen von Anbaugeräten im Gefahrenbereich zwischen Traktor und Gerät ist, handelt höchst unbedacht. Sicherer ist allemal, wie unten gezeigt, der Platz neben der Zugmaschine, selbst wenn man dabei vielleicht zwei Handgriffe nacheinander ausführen muß.

dabei besonders groß. Deshalb beim Heranfahren der Zugmaschine zum Kuppeln darauf achten, daß sich niemand zwischen den Fahrzeugen aufhält. Erst dann mit dem Kuppeln beginnen, wenn Traktor und Anhänger zum Stillstand gekommen sind.

- Die Zuggabel bzw.-deichsel auf die Höhe des Kupplungsmauls einstellen und das anzuhängende Fahrzeug gegen Fortrollen sichern (Handbremse, Unterlegkeile).

- Läßt es sich einmal nicht vermeiden, das Kuppeln durch Heranschieben des Anhängers vorzunehmen, so ist dazu unbedingt ein Helfer notwendig. Er muß während des Anrollens jederzeit die Feststellbremse des Hängers betätigen und so einen Zusammenstoß der Fahrzeuge zuverlässig verhindern können.

- Gleiches gilt natürlich auch für den An- und Abbau von Geräten. Beim Anheben eines Arbeitsgerätes verringert sich der Abstand zum Traktorheck: Manchmal gar so weit, daß jemand, der zwischen Traktor und Gerät steht, eingeklemmt werden kann. Deshalb die Stellteile nur vom dafür vorgesehenen Platz aus betätigen. Sog. Schnellkuppler zum Anbau von Geräten erleichtern dem Landwirt nicht nur die Arbeit, sondern schließen Verletzungen durch Einklemmen auch weitgehend aus.

Ist dann der Kupplungsvorgang mit dem Sichern des Kupplungsbolzens beendet, heißt es die *Bremsverbindungen* herzustellen. Also, je nachdem: Druckluft- bzw. Hydraulik-Bremsen anschließen; Abreiß-Bremsseil einhängen; Umsteck-Bremshebel auf der Zugmaschine einstecken.

Die nächste Sorge muß der **Beleuchtung** gelten: Sind alle elektrischen Leitungen miteinander verbunden? Sind bei abnehmbaren Leuchten alle erforderlichen Leuchtenträger an Bord? Falls die Ladung nach hinten oder zur Seite übersteht, welche Leuchten und sonstige Absicherungsmittel müssen angebracht bzw. mitgenommen werden? Noch ein Hinweis zur Elektrik: Kennzeichen und Blinker werden bei 25 km/h-Zügen außer für den Traktor nur für den hintersten

Anhänger gefordert – für den in der Mitte also nicht. Hinten genügt dabei eine beliebige Kennzeichennummer von einem der Kraftfahrzeuge des Landwirts.

Nach getaner Feldarbeit ist jeweils noch eine weitere Kontrolle am Zug vonnöten, nämlich die Inspektion der Reifen im Blick auf groben Ackerschmutz. Vor dem Einbiegen auf die Straße gehört er entfernt, mit Rücksicht auf die Sicherheit der anderen Verkehrsteilnehmer und ein ordnungsgemäßes Bremsverhalten des Zuges.

5.4 Dem Anhänger beim Beladen nicht zuviel zumuten

Nicht nur die gute Bremse und ein intaktes Fahrzeug, sondern auch die Beladung und das Absichern von überstehendem Ladegut ist für die Sicherheit landwirtschaftlicher Züge wichtig. Einige einfache Tips dazu sollen dem Landwirt helfen, Unfälle zu vermeiden.

Je gleichmäßiger die Last auf dem Anhänger verteilt wird, desto besser ist das Fahrverhalten. Deshalb:

▶ Die Nutzlast auf dem Anhänger so austarieren, daß ihr Schwerpunkt in der Mitte der Ladefläche liegt und jede Achse etwa gleich stark belastet. Bei Stückgütern gelingt dies am besten, wenn man die schwersten Stücke in der Mitte der Ladefläche plaziert und die leichteren vor und hinter sie stellt.

▶ Nicht nur die vordere und hintere, sondern auch die linke und rechte Hälfte des Anhängers gleich schwer beladen. Dadurch läßt sich der Kippgefahr bei scharfen Wendemanövern und in engen Kurven vorbeugen.

▶ Schwere Lasten nicht zu hoch auf dem Anhänger stapeln; bei unterschiedlichen Ladungen den gewichtigeren Teil möglichst unten verstauen und den leichteren dann oben auf. Denn auch die Höhe des Ladungs-Schwerpunktes beeinflußt die

Abb. 75/76   Auch vom Fabrikschild rechts vorne am Hänger sind die maximalen Achslasten und das höchstzulässige Gesamtgewicht abzulesen. Anhänger zur Lastenbeförderung brauchen zusätzlich sog. Gewichtsaufschriften (Achslasten, Gesamtgewicht) an der rechten Fahrzeugseite.

Abb. 77 Gefährlich kann es bei teilbeladenen Tankanhängern werden, vor allem, wenn zwei davon am Traktor hängen.

Fahr- und Kippstabilität, und zwar nach dem Motto: »Je tiefer, desto besser«.

Allerdings kann keine noch so gleichmäßige Lastverteilung eine eventuelle Überladung ausgleichen. Was das **höchstzulässige Gesamtgewicht** eines Anhängers oder seine *maximalen Achslasten* angeht, so findet man diese Angaben auf dem Fabrikschild, das rechts vorne am Anhänger angebracht ist. Lassen sich die Werte nicht mehr so ganz entziffern, hilft ein Blick in den Fahrzeugschein bzw. den Abdruck der Betriebserlaubnis oder auch in die Bedienungsanleitung. Bei

▶ 3 t Achslast für ungebremste Einachsanhänger,
▶ einem Gesamtgewicht von 4 t bei älteren Anhängern mit Seilzug-Bremse und Umsteckhebel,
▶ 8 t für Anhänger mit Auflaufbremse,
▶ 18 t Gesamtgewicht bei Zweiachsanhängern

hat der Gesetzgeber allerdings eine *Obergrenze* gezogen, mehr ist auf öffentlichen Straßen der Bundesrepublik Deutschland grundsätzlich nicht erlaubt.

Die Beachtung der Höchstwerte ist jedoch gerade in der Landwirtschaft gar nicht so einfach: Denn hier muß man die verschiedensten Güter befördern, und die unterschiedlichen Feuchtigkeitsanteile in Erntefrüchten oder Holz erschweren eine Gewichtsabschätzung nach der Menge noch zusätzlich.

So kann ein Anhänger bereits überlastet sein, wenn die Ladung noch nicht einmal bis zur Bordwand reicht. Patentrezepte gibt es hier leider keine, sondern nur eine dringende Empfehlung für Zweifelsfälle: Entweder die Ladung zu wiegen – oder sich garantiert auf der sicheren Seite zu halten. Dies ist, selbst wenn man so zweimal fahren muß, allemal besser, als nach einem Unfall vom Richter »gewogen« und für zu schwer befunden zu werden.

Eine Besonderheit stellt der *Tankanhänger* dar. Hier hat der Landwirt zwar mit der Überladung in der Regel keine Probleme: Weil nämlich der TÜV dafür sorgt, daß die Größe des Tanks an das Fahrgestell angepaßt oder zumindest die maximale Füllhöhe deutlich markiert ist. So gut man jedoch die Lastverteilung bei Schütt- oder Stückgütern austarieren kann, so schlecht funktioniert dieses Prinzip bei Flüssigkeiten, wie Gülle, Maische oder Milch. Wenn sie nicht bis zur obersten Füllgrenze im Tankanhänger stehen, schwappen sie während der Fahrt hin und her – dies natürlich besonders beim Bremsen und in Kurven. Mancher Hänger hat so seinen Traktor samt Fahrer schon aus der Bahn in den Graben geworfen. Deshalb: Wenn sich ein teilweise gefüllter Tank schon nicht vermeiden läßt, dann ist aber besondere Vorsicht geboten. Kriminell handelt allerdings, wer zwei solcher Anhänger mit hin- und herschwappender Ladung mit sich führt.

5.5 Ladung kann leicht zum Geschoß werden

Im letzten Abschnitt gab es Hinweise zum richtigen Beladen; ist das geschafft, dann heißt es die Güter richtig zu sichern, wenn nötig, kenntlich zu machen und sie dann ohne Risiko auch wieder zu entladen. Damit wollen wir uns nun beschäftigen.

Zwei typische Fehler sind häufig der Auslöser für Unfälle mit beladenen Zügen:

● Fehlende oder unzureichende *Sicherung* des transportierten Gutes gegen Verrutschen, Umfallen und Herabstürzen, sowie

● mangelhafte *Kenntlichmachung* der Ladung, wenn sie über den Anhänger hinausragt.

Meist läßt sich durch einfache und billige Hilfsmittel Abhilfe schaffen:

▶ Bei Schüttgütern, wie Kies, Sand, aber beispielsweise auch gebündeltem Pa-

pier, die auf Anhängern oder auch Lkw befördert werden, muß man durch überhohe Bordwände, Planen oder ähnliches verhindern, daß die Ladung vom Fahrzeug herabfällt.

▶ Kanister oder Blechbehälter haben ungesichert, also ohne Zurrgurt oder eingeklemmt zwischen anderen stabilen Ladungen, nichts auf einem Anhänger verloren.

▶ Sperrige Teile – Kabeltrommeln, Maschinenteile, Rohre usw. – sind an der Bordwand abzustützen oder zu verkeilen: damit sie nicht umkippen oder vom Fahrzeug herunterfallen. Je nach Gewicht kommt man unter Umständen auch um ein zusätzliches Verzurren nicht herum.

Daß die Beleuchtungseinrichtungen und die Kennzeichen der Fahrzeuge auch bei voller Beladung gut sichtbar bleiben müssen, versteht sich von selbst. Ragt die Ladung um mehr als 1 m über die Rückstrahler am Heck des Zuges nach hinten hinaus, so verlangt die Straßenverkehrsordnung eine zusätzliche Absicherung:

● Das Ende der Ladung muß mit einer Fahne oder einem Schild in hellroter Farbe und mindestens 30 x 30 cm Größe kenntlich gemacht werden. Eine Stange soll die Fahne auseinanderhalten; ebenso wie das Schild ist sie quer zur Fahrtrichtung aufzuhängen. Erlaubt ist außerdem das Anbringen eines hellroten Zylinders mit wenigstens 35 cm Durchmesser. Ob aber Fahne, Schild oder Zylinder: Höher als 1,5 m über der Straße darf das Absicherungs-Mittel nicht angebracht werden.

● Ab dem Einbruch der Dämmerung und auch sonst bei schlechten Sichtverhältnissen – zum Beispiel Nebel – müssen eine rote Leuchte und ein roter Rückstrahler das Ladungsende markieren, und zwar in einem Abstand von höchstens 90 cm zur Straße.

Auch für **seitlich überstehende Lasten** gibt es Absicherungs-Vorschriften. Sie grei-

Abb. 78   Bei allen Arbeiten am Fahrzeug oder an den Arbeitsgeräten sollte man es sich zur guten Gewohnheit machen, Antrieb und Motor abzuschalten.

fen, wenn die Ladung mehr als 40 cm über die Fahrzeug-Beleuchtung zur Seite hinausragt. Dann heißt es eine Leuchte anbringen, die nach vorne weiß und nach hinten rot strahlt. Sie darf nicht weiter als 40 cm vom Rand der Ladung und nicht mehr als 1,5 m vom Boden entfernt sein.

Im übrigen: Ausdrücklich verboten ist es, daß »schlecht erkennbare Gegenstände«, wie einzelne Stangen, Pfähle oder waagrecht liegende Platten seitlich vom Fahrzeug abstehen.

Ist dann wohlbehalten das Ziel erreicht, sollte man auch beim **Abladen** Vorsicht walten lassen. Hier gibt es ebenfalls einige Fehler, die man der eigenen Gesundheit zuliebe vermeiden muß:

● Befindet sich schwereres Schütt- oder Streugut hinter der Bordwand des Anhängers, so wird es beim Aufmachen un-ter gewaltigem Druck herausschießen. In solchen Fällen darf also niemand direkt hinter der Bordwand stehen, wenn diese entriegelt und abgeklappt wird.

● Wird das Ladegut durch Anheben der Ladefläche zur Seite oder nach hinten abgekippt und steht dabei der Anhänger nicht auf festem und waagrechtem Boden, so kann leicht das ganze Fahrzeug umstürzen. Das gilt besonders bei Ladungen, die ein hohes Gewicht haben und beim Kippen nur schwer ins Rutschen kommen. Man vergewissere sich also vorher vom sicheren Stand des Anhängers!

● Moderne Fahrzeuge besitzen eine Reihe von Zusatzaggregaten, wie Aufnahme-, Ablade-, Förder-, Be- und Entladeeinrichtungen. Getrennt schaltbare Arbeitshilfen, die nicht unbedingt benötigt werden, grundsätzlich abstellen: So kann man zusätzlichen Gefahren entgehen.

Notizen

Kreative Intelligenz.
Das ist es, was Audi erwartet.

Wer aufgeschlossen ist für Innovationen, der wird sich unsere Automobile immer wieder mal aus der Nähe anschauen. Dabei wird er entdecken, was in ihnen steckt: intelligente Ideen nämlich – im Konzept wie im Detail –, durch die Audi sich einen Namen gemacht hat. Und das soll so bleiben.

Deshalb bietet Audi auch in Zukunft besonders qualifizierten wie engagierten Berufsanfängerinnen und -anfängern die Möglichkeit, ihre kreative Intelligenz, ihre produktive Phantasie systematisch zu entfalten.

Wer zeigt, daß er zu uns paßt, der wird nach Kräften gefördert.

AUDI AG
Personalwesen
Angestellte

Postfach 2 20
8070 Ingolstadt

Postfach 11 44
7107 Neckarsulm

Audi

**Vorsprung
durch Technik**

Notizen

Notizen

LBS

Bausparkasse der Sparkassen **S**

Der Erfolg spricht für LBS-Bausparen.

Rund fünfzig Milliarden DM für unsere Bausparer.

Über 750.000 Häuser und Eigentumswohnungen wurden mit unserer Hilfe gebaut. Das entspricht dem Wohnungsbestand von München und Augsburg zusammen.
Bauen auch Sie auf die Zuverlässigkeit und Erfahrung der starken LBS. Weil LBS-Bausparen zu einer soliden, vernünftigen Finanzierung gehört.

Kommen Sie zu uns. Wir geben Ihrer Zukunft ein Zuhause.

Notizen

MB-trac.
Intelligente Kraft, die
Ihren Einsatz sichert.

**Das Allradschlepper-
Programm von 50 bis
115 kW (68–156 PS).**

Notizen

GEMEINSAME INTERESSEN MACHEN UNS STARK

Mit regionalen Unterschieden und örtlichen Besonderheiten sind wir bestens vertraut. Schließlich arbeiten und leben wir, wo auch unsere Kunden zu Hause sind.

Bürger und Wirtschaft haben damit einen kompetenten Partner zur Seite, der Probleme und Aufgaben aus nächster Nähe und aus eigener Erfahrung kennt: Gegenwart und Zukunft werden also nicht irgendwie bewältigt, sondern miteinander gestaltet. Das Ergebnis sind Lösungen – so vielseitig wie Land und Leute.

Wichtige VUA-Ratgeber für die Landtechnik

St. Auer / W. Kletzl

Handbuch für Reparaturen an Landmaschinen und Traktoren

Praktische Selbsthilfe für Wartung, Einstellung, Instandsetzung

3., überarbeitete und erweiterte Auflage, 519 Seiten, 1055 Abbildungen, fest gebunden

Hier wird gezeigt, wie man ohne allzu großen Aufwand seine Geräte und Maschinen immer betriebsbereit halten kann. Anhand von zahlreichen Abbildungen werden Maschinenbaugruppen im Detail erklärt, Einstellarbeiten, Prüfungen und Kontrollen bei der gesamten Maschine Schritt für Schritt leicht verständlich dargestellt. Der ideale Ratgeber für jeden, der seine Maschinen selbst in Ordnung halten will.

K. Th. Renius

Traktoren

Technik und ihre Anwendung

2., durchgesehene Auflage, 192 Seiten, 231 Abbildungen, 41 Tabellen, fest gebunden

Für Landwirte ist und bleibt der Traktor das wichtigste Gerät. Nur bei genauer Kenntnis aller Bauteile und ihrer Wechselwirkungen mit Geräten ist eine richtige Kaufentscheidung möglich sowie der sichere und wirtschaftliche Einsatz gewährleistet. Als Beispiele dienen technische Einzelheiten der bekanntesten Traktorenmodelle.
Schwerpunkte: Funktion und Beurteilung der Traktortechnik; Anwendung bzw. Folgen falscher Handhabung / Einstellung und deren Einflüsse auf die Wirtschaftlichkeit.

VERLAGSUNION
AGRAR

Arbeitsgemeinschaft
BLV Verlagsgesellschaft München
DLG-Verlag Frankfurt (Main)
Landwirtschaftsverlag Münster-Hiltrup
Österreichischer Agrarverlag Wien
BUGRA SUISSE Wabern - Bern